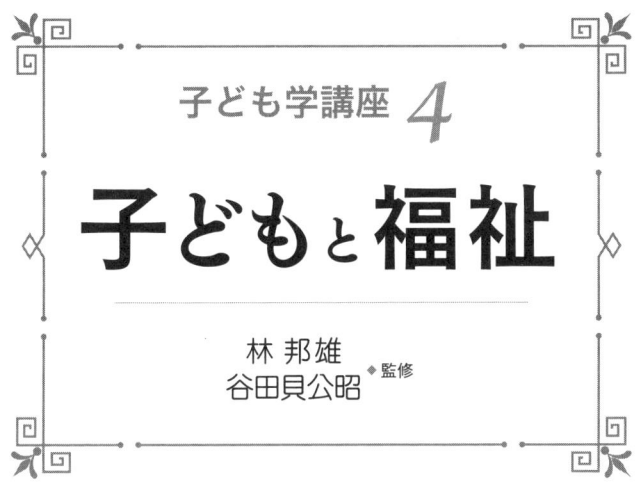

子ども学講座 4

子どもと福祉

林 邦雄
谷田貝公昭 ◆監修

髙玉和子、高橋弥生 ◆編著

一藝社

監修者のことば

　「子ども学講座」全5巻は、多くの学者・研究者や実践家のご協力により完成したものである。

　刊行スケジュールからいうと、2008年6月に監修者および編者らによる最初の編集委員会が行われてから、1年あまりの間にできあがったことになる。編者はじめ執筆者の先生方に如何に精力的に取り組んでいただいたかがわかるというものであり、まずもって、感謝の意を捧げるところである。

　現代は変化の時代だといわれる。

　子どもの世界においても、子どもはあらゆる社会現象の中において変化の渦中に置かれているといえる。子どもの生活の変化は、例えば、子どもの健康などに影響を与えているであろうし、また、成長にとって大切な遊びにも変化をもたらしている。さらに、環境の変化に対しても子どもは不安と危機にさらされているといえる。こうした様々な変化に対応して、教育や福祉は子どもに手厚く、温かく、冷静にしてかつ熱情をもって見守っていく役目が課せられていかねばならない。

　この意味において本書は、監修者の一翼を担う目白大学教授・谷田貝公昭先生の構想に基づき、子どもの変化に対応する側面として、生活・文化・環境・福祉・教育の5つを選択・設定し、これによって全5巻としてまとめたものである。

　子どもは大人にとって愛すべき存在ではあるが、それ以上に未来への無限の可能性を秘めた潜在力豊かな存在でもある。子どものこうした存在を認め、支えることができるのは、われわれ大人であり、われわれの社会であることはいうまでもない。

ある新聞の社説に、「子どもたちの自尊感情（自分自身に対する肯定的イメージ）が低下している」とあった。全国の学校を対象とした最近の調査だというが、小学生では学年が上がるにつれて低下傾向にあり、高校生になっても下げ止まらないと、その社説は伝えていた。

　マスロー（A. H. Maslow 1908～70）は、自己実現の欲求体系を階層構造で示しているが、自己実現の欲求を満たすのに最も高次の欲求として、自尊の欲求を挙げている。子どもの自尊感情の低下は、子どもの自己実現を阻むものであり、このことは大人や社会が子育てへの責任を果たしていないということの決定的なエビデンスである。

　本講座は、子どもの可能性を信じ、子どもの自己実現を願って、多くの執筆者がそれぞれの専門の立場から書かれたものであり、読者諸賢に大いに活用されることを期待しているところである。

　最後になり恐縮であるが、全5巻という大きな刊行に終始一貫してご協力を賜った一藝社の菊池公男社長および編集部の永井佳乃氏に対して、その労苦に深甚の謝意を表するものである。

　　2009年8月吉日　喜寿の日に

　　　　　　　　　　　　　　　　　　　　　　　　監修者　林　邦雄

まえがき

　子ども学講座第4巻『子どもと福祉』では、福祉の分野から子どもが幸せに生きることができる条件とは何かを中心として多角的に論じている。今日の子どもの置かれている社会状況を客観的に把握し、子どもに関連する法制度の役割や機能、そして多様なニーズを持つ子どもや家庭に対する支援サービスの実際について、読者が理解しやすいよう平易な文章を心掛けた。

　福祉や社会保障、教育は子どもの成育過程に密接に関係した分野であり、充実した政策や実践を伴わなければ効果は得られない。今日の日本の子どもの状況や問題についてみると、家庭の問題として虐待や育児放棄、育児不安、離婚、DVなど、教育問題としていじめ、不登校、非行など、社会問題として少子化、保育所の待機児童、それに加えて経済的不況もあり、問題は山積している。日本は第2次世界大戦後高度経済成長を成し遂げた結果、物質的に豊かになったが、子どもが幸せを実感できる社会を築いたとはいえない。経済的豊かさ＝幸福ではないということが意識され、個人の志向は金銭では買うことができない精神的豊かさを求めるように変わってきている。

　「子どもの幸せ」のために、我々大人は何ができるだろうか。"幸せ"とは主観的なものでもあり、その個人がどう感じるかに関係しているものでもある。子どもの年齢や発達の段階において、それぞれ幸せであると感じる条件や環境は異なってくるが、年齢や発達の違いに関係なく、親や周囲の人々から「愛されている」ということが必要不可欠ではないだろうか。

　子どもを取り巻く環境が人的、物的に豊かであることは、一般的に幸せへの近道であると考えられているが、経済的に恵まれていることが必ずしも子どもの幸せにつながるわけではない。同様に、貧しくとも家族に愛され、教育を受ける機会を得ることができなかったとしても、その子どもが不幸だと

はいいきれない。しかし、親が子どもの幸せのため、すべてに対し責任を負うには体力的、また精神的、経済的にも限界がある。そのため、その社会の構成員である大人や国家が一緒に子どもの最善の利益を考えていくことが重要である。子どもはその国や社会を担っていく次代の国民でもある。国家は子どもが幸せに生きていくことができるように法制度を整備し、子どもの権利が侵害されないよう保護、擁護し、生命の保障を履行していく責務を負っている。

　子どもが子どもとして認識されるようになったのはここ１世紀ほどのことである。残念ながら、世界的にみていまだに健康的で安全な子ども時代を過ごせない子どももいることは否定できない。そうした子どもを１人でも少なくするためにも、我々大人が子どもの幸せを願い、それを実現できるような社会を責任を持って作っていかなければならない。

　子どもの幸せを実現していくためには、子どもの権利が侵害されないよう現存の法制度や行政等のサービスを検証し、さらに子どもの福祉の向上を目指す一層の努力が必要である。本書はそれらの願いを込めて、教育・研究および実践活動に携わる諸先生方が熱意をもって執筆に取り組まれた。これから保育、福祉、教育の分野で実践していく人たちが、本書を活用することでその一助となれば幸いである。

　　2009年９月

　　　　　　　　　　　　　　　　　　　　　　　　　　　　　編　者

もくじ

監修者のことば　2

まえがき　4

第1章　子どもの権利 ────── 9

第1節　子どもの権利とは
第2節　「子ども」の歴史
第3節　子どもの権利擁護と保障
第4節　子どもの権利擁護・保障体制

第2章　子どもに関わる法律 ────── 25

第1節　子どもを守る法律
第2節　児童虐待と法律

第3章　児童福祉行政と諸制度 ────── 39

第1節　児童福祉の行政機関
第2節　児童福祉の関連制度

Contents

第4章　児童福祉施設 —— 55

第1節　児童養護の体系
第2節　社会的養護としての児童福祉施設

第5章　少子化対策 —— 75

第1節　少子化の状況
第2節　少子化対策の取り組み
第3節　子育て支援

第6章　子どもと家庭 —— 91

第1節　共働きの家庭と子育て
第2節　両立支援対策
第3節　ワーク・ライフ・バランスと子育て

第7章　子どもと保育 —— 107

第1節　保育所・保育士
第2節　認可外保育施設
第3節　認定子ども園

第8章　子どもの健全育成 —— 121

第1節　子どもの育つ環境実態と課題
第2節　児童健全育成施策
第3節　地域社会と子ども

第9章　障がいのある子ども —— 139

第1節　障がいのある子どもの理解
第2節　障がいのある子どもの育ちを支える
第3節　障がいのある子どもと家族

第10章　保護を要する子ども ─────── 155
第1節　児童養護
第2節　児童虐待
第3節　非行

第11章　母子保健 ───────────── 169
第1節　母子保健の概要
第2節　母子保健サービスの内容
第3節　母子保健の課題

第12章　ひとり親家庭 ──────────── 183
第1節　ひとり親家庭とは
第2節　ひとり親家庭の特徴と問題
第3節　ひとり親家庭に対する福祉政策

第13章　諸外国における子どもの福祉 ─────── 201
第1節　子どもの福祉に関する国際機関の取り組み
第2節　「存在しない子どもたち」の問題
第3節　主要先進国における子どもの福祉

あとがき　218

装幀・デザイン　永井佳乃
イラスト　木村ジョージ

第 1 章

子どもの権利

髙玉 和子

第1節　子どもの権利とは

1．権利に対する人々の認識

　「権利」という言葉は法律用語として固いイメージがあるが、人は誰でも生まれながらにして持っている権利がある。その1つが「人権」であり、一人ひとりがかけがえのない存在であるという生命の尊厳を認めていくことである。子どもも同じ人間として、大人と区別されることなく人権のほかにもさまざまな権利を持っている。私たちは普段の生活は自分の保有する「権利」を意識する機会はあまりないが、生きていく上で必要不可欠であるといえる。いわれない差別を受けた時や他者に不当に扱われた時等、自分の存在や人格が否定されるような場合に陥って初めて、人間の持つ権利に対し認識を新たにするのではないだろうか。

　「あなたの持っている権利は何か」という問いに即答できる人は多くはない。この質問を著者の授業の際に、短大1年生の学生に尋ねてみた。「高校の授業で習った気がするけれど……」と答えに詰まる学生がほとんどである。今ここで何をしているのか、と再度質問すると、ようやく「学ぶ権利」について思い出すことができる。これは学生が当たり前のように「教育を受ける権利」を享受しているために起きることである。「生存権」や「教育を受ける権利」は、大多数の学生には意識されることもない。日本国内に限れば、中学校までは義務教育であるが、高等学校進学率が約97.9％、大学・短期大学等の高等教育機関への進学率は56.2％と半数を超えている（「文部科学省平成21年度学校基本調査速報」）。この現状から見ると、教育を受けることは権利というよりむしろ当然のこととして受け取られ、進学することがその子どもの将来に必要であると保護者も考えている。現実には学校に通いたくても、いじめ等により不登校になる子どもや経済的理由から進学を断念する子ども

がいることは事実であるが、大半の子どもは勉強がしたいのか否か吟味することもなく、抵抗なく進学の道を進んでいる。

　現在私たちが持っている諸権利は、長い年月を費やして闘い獲得してきたものである。「権利」は歴史的産物であることを忘れてはならない。

2．日本国憲法に規定する「権利」

　日本国憲法の第3章「国民の権利及び義務」には、日本国民であれば誰もが持つ権利について、31項目にわたり規定されている。私たちは普段あまり権利について深く考えないが、これらの権利が失われた時に重大な損失を被ることを知ることとなる。再度私たちの権利について考える機会を持って欲しい。また、子どもは心身の成長発達過程にあり、特に乳幼児期において子ども自身では自らの生命を維持することが困難であり、親や周囲の大人の擁護を必要とするため、児童福祉法をはじめとして教育基本法、労働基準法、少年法等の法律で守られている。また児童憲章は法的拘束力は持たないが、社会の人々に子どもに対する正しい概念を普及させるために定められたものである。

3．国家による子どもの権利に対する擁護・保障の必要性

　「子ども」の存在に対する人々の認識は時代や文化により異なる。子どもを慈しみ育てる文化は近代になり定着してきたものである。政治的、文化的、宗教的、社会経済的事情が異なる世界諸国家すべてが子どもに対して同じような考えのもとに施策を行っているわけではない。

　とはいえ、少なくとも先進国では、子どもに対する一般的認識として、先に生まれた社会構成員である大人が責任を持って、子どもの生命を維持できるよう擁護し教育環境を整え、基本的人権を保障し、個人が尊重され自己実現を目指しながら幸福を追求できる環境を提供できるように心掛けてきた。

それにもかかわらず残念なことに、すべての子どもが満足することができるような状態には至っていない。全体として、子どもの権利を擁護し保障する体制を構築するよう努力しているが、すべての人々が子どもに対する共通認識や見解を持つには至っていない。なぜなら個々の家族・家庭には1つとして同じものはないからである。子どもに対する見方、育て方、養育・教育方針、家族のルール等は、画一化され規格化されたものではない。国家レベルでの教育制度や保育制度が整備されても、個々の家庭のあり方を規定するわけではない。

　では、子どもに関する取り決めは不要かというとそうとはいえない。各家庭において子どもが正当に扱われる保証はどこにもないからである。子どもも社会の一員であるために、国家が子どもに関する法制度を規定する必要がある。

　家庭における経済状況や養育環境の違いにより、生きる権利や学ぶ権利等が侵害される子どもたちがいる。貧困や虐待（ぎゃくたい）といった過酷な環境の中で育てられる子どもは、自分の力だけでは対処できない。このような状況に置かれた子どもたちに対し、国家が何らかの対策を立て実行していくことが必要である。子どもはどんなに小さくとも命の重みは成人と同じであり、その存在を否定されるものではない。子どもを尊重しその能力や個性を発揮できるよう、周囲の大人や国家が見守り、子どもの権利を保障するよう努力を怠ってはならない。

第2節 「子ども」の歴史

　子どもの権利が認められ、社会的な法制度整備に至るまでには長い道のりがあった。ここでは歴史的に子どもの存在はどう扱われていたのか、ヨーロッパの歴史を例に見ていくことにする。

1．古代社会における子ども

　古代社会における子どもの地位は不安定であり、生命の維持は家長に委ねられ弱者の生存が許されない社会状況であった。紀元前8世紀頃、古代ギリシャのアテネやスパルタ等の都市国家（ポリス）では、周辺地域との領土争いが頻発していた。強い戦士が必要であり、子どもが病弱であったり、障がいを持っていたりする場合、その生存が認められず山や川、海等に遺棄された。

　古代ローマでも同様であり、最古の成文法である十二表法には、家長は子どもの生殺与奪の権利を持つことが定められていた。古代社会では常に大人が優先され、子どもの生存は不確実なものであった。

　子どもに対する見方に変化が見られるようになったのは、キリスト教の普及によってである。教会の慈善救済が始まり、高齢者や病弱者等の要保護者に加え、親が死亡した子や捨て子も保護の対象となった。

2．中世社会における子ども

　荘園制と農奴制を基盤とした封建社会では、領主のもとに家臣、農奴という階級制度が確立された。領主は土地を所有し、そこで働く農奴の子どもは土地に付随する財産の一部と見なされ、自由がない代わりに外敵から保護される存在であった。

　11世紀以降のイギリスは、商業の経済的な発展期を迎え、自治都市が全土に広がり商業や手工業が盛んになる。この時代、領主の子弟は騎士道修行に他の貴族の家で厳しくしつけられ、商人や職人の子どもは別の親方のところで徒弟として働かされた。当時の子どもはその属する階級にかかわらず、6歳頃から自分の家族と離れて別の家で一定期間育てられることが一般的であった。児童期に入ると、子どもは大人と同じような環境に置かれ、修行と称した働き方を余儀なくされていた。

3．近世社会における子ども

　イギリスでは王政が確立される時期にあたる。毛織物産業が盛んとなり、領主は領土に羊毛の原料となる羊を飼うため、これまで農地を耕していた農奴は追い出された。家族と共に職を求めてロンドン等の都市に流入し、職に就けない場合、浮浪者や乞食あるいは犯罪者としてスラムに定着していった。

　犯罪の増加等により治安が悪化した社会状況に対し、当時国家統一を成し遂げたエリザベス1世（Elizabeth Ⅰ 1533～1603）は、1601年「エリザベス救貧法」を制定する。この法律は、貧民を①有能貧民（労働能力のある貧民）、②無能力貧民（高齢や障がい等により労働能力のない貧民）、③自立不能の児童に3分類した。有能貧民は労役場等で強制労働、無能力貧民は救貧院に収容、児童については8歳以上の男子は徒弟に、女子は家事使用人とした。これらの児童は教区徒弟と呼ばれ、男子は24歳、女子は21歳あるいは結婚するまでと期限を定められ、実質ただ働きをさせられていた。

　18世紀になると産業革命が起こり、マニュファクチュア（工場制手工業）が発展する。蒸気機関の発明により機械化が進み、これまで生産の中心にいた熟練職人が不必要となり、女性や子どもが工場等に雇われることになった。これらの人々は不熟練労働者と呼ばれ、賃金が低く劣悪な労働環境や条件で、教区徒弟はもとより一般家庭の児童も工場で働くようになった。記録によれば、1日15時間の労働をさせられ、3、4歳の幼児までもが働かされていた実態があった。

4．近代社会における子ども

　工場や炭鉱等の劣悪な環境で働く子どもが増える中、肺結核等の病気や身体障がいになり命を落とす子どもも出てくる。これらの子どもの状況を憂える人たちは、将来国を背負う子どもが健全に育たないと考え、法律の制定に向け奔走する。1802年、「工場法」（正式名称「木綿その他の工場で雇用されて

いる教区徒弟その他の人々の健康及び道徳の保持に関する法律」）が成立する。児童労働を制限するこの法律の内容は画期的であり、①夜間就業の段階的廃止、②１日12時間の労働時間に制限、③労働時間内に読書算術の教授、④教会への出席、⑤宿舎の環境整備等が定められた。その後工場法は改正され、1870年に工場法の教育条項が、単独法の初等教育法として成立することになった。

　1834年の「新救貧法」は、貧民を抑制するために、自助の原則に基づく厳しい処遇内容を打ち出した。「劣等処遇の原則」により、労役場は「恐怖の館」となり、収容よりも困窮に耐えることを選ぶ者が増加した。新救貧法の保護を拒否する児童の救済は民間慈善事業が行った。1869年に慈善組織協会（COS）が設立し盛んになった。児童のための最初の施設である「全国児童ホーム」も設立され、児童の保護・救済のほか、スラム街での予防的活動にも着手することとなった。

　19世紀半ばには、イギリスは子どもの保護に力点を置き、将来の良き国民の育成に努めることになる。1908年に、それまであった幼児生命保護、児童虐待の防止、給食制度、学校保健制度等を一本化した「児童法」が公布されることとなる。このように、先進国であるイギリスでも児童の保護について取り組むようになったのは近代に入り100年ほどであり、子どもに関する法制度の整備、取り組みの歴史は短いといえる。

第3節　子どもの権利擁護と保障

　子どもが成育する過程において、子ども自身では対処できないような権利侵害の状況が生じる場合には、子どもの権利を擁護し保障する法制度を整備しなければならない。一般的に子どもは成人して自立するまで保護されるべき存在として認識されている。発展途上の国々では、貧困や戦争等による子

どもの犠牲が跡を絶たない。一方、先進国でも貧困は解消されず、社会的経済的格差から排除、差別が生じることによる人権侵害の現実がある。特に子どもや女性、高齢者、障がい者等一般的に社会的弱者と見なされる人々の権利は、無視され軽視される傾向にある。

近代社会に入り、子どもの人権を保障していく活動が具体化し、さまざまな法的権限を規定する活動も盛んになる。そこで、子どもの人権に関する国際的な動向における規約や法律等についてみていくこととする。

1．児童の権利に関する宣言（ジュネーヴ宣言）

第1次世界大戦後、1924年国際連盟総会において採択された。戦争で多くの子どもたちが犠牲となったことが契機となり、国際社会が「子どもの権利」の保障に向けて取り組むことになったのである。

このジュネーヴ宣言は、国際的に見て子どもの権利保障を実践する第一歩といえる。しかし、「条約」が国家間の文書による契約であるのに対し、「宣言」は理想として掲げているにすぎず、各国がこの宣言を遵守する努力義務に期待するしかないのが実情である。

2．世界人権宣言

第2次世界大戦後、1948年12月10日国際連合総会において採択された。これにより人類社会すべての構成員の人権を保障することを定め、国際連合の加盟国とそれらの国々の管理下にあるすべての人々が達成すべき共通の基準として公布された。この宣言は前文と30条から構成されている。この宣言はすべての人間を対象としているが、その中でも第25条「特別の保護・援助を受ける権利」と第26条「教育を受ける権利」の条項は子どもについて言及している。この「世界人権宣言」は、1960年に「国際人権規約」として条約化された。

3．児童権利宣言

1959年11月20日、国際連合総会において採択された。前文及び全10条という比較的簡潔な構成となっている。前文には、「児童は、身体的及び精神的に未熟であるため、その出生の前後において、適当な法律上の保護を含めて、特別にこれを守り、かつ、世話することが必要である」とし、「人類は、児童に対し、最善のものを与える義務を負うものである」と記している。さらに、これらの児童の権利を守るために、立法措置をとるよう努力することを求めている。主な内容としては、「姓名及び国籍をもつ権利」(第3条)、「社会保障の恩恵を受ける権利」(第4条)、「教育を受ける権利、遊ぶ権利」(第7条)、「放任、虐待及び搾取からの保護」(第9条)等、これまで当然と考えられていた権利を改めて条文化している。

4．児童の権利に関する条約（子どもの権利条約）

日本政府は「児童の権利に関する条約」と訳しているが、一般的には「子どもの権利条約」として知られている。1989年国際連合（国連）総会で採択され、日本は1994年に批准し、世界で158番目の批准国となった。

「子どもの権利条約」は前文と全54条から構成されており、大人が子どもを保護する対象として捉えるだけではなく、子どもの主体性や能動性に着目し、子どもを大人と対等な人格を持つ一人の人間として捉えている点が特徴である。「子どもの言うことなんて」「子どもの意見を聞くなんて」と、子どもが年齢相応の言葉や表現を用いて自分の気持ちや考えを表そうとしても、それを真摯な態度で受けとめることができる大人は多くはない。大人が子どもの意見を取り上げない理由としては、子どもは大人が庇護すべき存在であり、社会経験が少なく、社会の仕組みや現象を理解し判断する能力が欠けていると見なしているからである。子どもの年齢に応じた理解力や判断力に対して懐疑的であり信頼を寄せていないといえる。

表1 「子どもの権利条約」の分類

①実施に関する一般的措置	第4条：締約国の実施義務　第42条：条約広報義務　第43条：子どもの権利委員会の設置　第44条：締約国の報告義務
②子どもの定義	第1条：子どもの定義
③一般原則	第2条：差別の禁止　第3条：子どもの最善の利益　第6条：生命、生存及び発達への権利　第12条：子どもの意見の尊重
④市民的権利及び自由	第7条：名前・国籍を知る権利、親を知り養育される権利　第8条：アイデンティティの保全　第13条：表現・情報の自由　第14条：良心・宗教の自由　第15条：結社・集会の自由　第16条：プライバシー・通信・名誉の保護　第17条：適切な情報へのアクセス　第37条：死刑・拷問等の禁止、自由を奪われた子どもの適切な取り扱い
⑤家庭的環境及び代替的養護	第5条：子どもの権利の行使と親の指導の尊重
⑥基礎保健及び福祉	第6条：生命、生存及び発達への権利　第18条：親の第一次的養育責任と国の援助　第23条：障害児の権利　第24条：健康・医療への権利　第26条：社会保障への権利　第27条：生活水準への権利
⑦教育、余暇及び文化的活動	第9条：親からの分離禁止と分離のための手続　第10条：家族再会のための出入国　第11条：国外不法移送、不返還の防止　第19条：親による虐待・放任・搾取からの保護　第20条：家庭環境を奪われた子どもの保護　第21条：養子縁組　第25条：医療施設等に措置された子どもの定期的審査　第27条：生活水準への権利　第28条：教育への権利　第29条：教育の目的　第31条：休息・余暇、遊び、文化的・芸術的生活への参加　第39条：犠牲になった子どもの心身の回復と社会復帰
⑧特別な保護措置	第22条：難民の子どもの保護・援助　第38条：武力紛争における子どもの保護　第37条：死刑・拷問等の禁止、自由を奪われた子どもの適切な取り扱い　第39条：犠牲になった子どもの心身の回復と社会復帰　第40条：少年司法　第30条：少数者・先住民の子どもの権利　第32条：経済的搾取・有害労働からの保護　第33条：麻薬・向精神薬からの保護　第34条：性的搾取・虐待からの保護　第35条：誘拐・売春・取引の禁止　第36条：他のあらゆる形態の搾取からの保護

出所：[長谷川編 2005] をもとに作成

「子どもの権利条約」は、近年の乳幼児に関する科学的研究成果に基づいている。乳幼児期から備わっている子どもの主体的に関わる能力について、伝統的子ども観にとらわれることなく、「能動的な社会的主体」とし子どもを認識していることである。乳児の頃から子どもは自ら外界に働きかけていく力を持っており、親等自分の世話をしてくれる大人との人間関係の相互作用を通して外界への認識を獲得し、また自らも働きかける力を持ち、自我を形成していくと考えられるようになってきた。長谷川眞人らによる「子どもの権利条約」の分類を参考にしていただきたい（**表1**）。ここでは、「子どもの権利条約」の特徴的項目のみを以下に取り上げる。

◆第3条　子どもの最善の利益

この条項で述べている「子どもの最善の利益」は、保育所保育指針や全国保育士会倫理綱領にも取り上げられている。国家が子どもの養護・保護について責任を負い、子どもを養護・保護する機関や施設が適正な基準を確保してサービスを提供しなければならないとしている。日本では児童福祉施設最低基準が規定されているが、児童福祉法制定当時の状況に合わせた最低ラインを遵守する内容である。子どもの最善の利益を考えるならば、時代の変化に対応する見直しが必要である。

◆第12条　子どもの意見の尊重

この「子どもの意見表明権」は、子どもの能動的権利を認めたものであり、これまでの宣言や条約にはない条文である。子どもが自分の気持ちをその年齢に応じた表現や言葉によって表すことを支援し、子どもの自主性や主体性を重んじることを意味する。

第4節　子どもの権利擁護・保障体制

1．子どもの権利を侵害する問題状況

　社会経済的に発展を遂げた現代社会では、貨幣的価値観が人々の生活を左右している。お金で何でも買える時代を背景に、個人の生活を第1に考える生活様式に変わり、これまでの伝統的な地域での相互扶助を消失させつつある。子育ては保護者に集約され、親族や地域の知人・友人が関わり育てることが少なくなってきた。子育て家庭の社会的孤立が問題化し、保育所や子ども家庭支援センター等の公的支援が広がってきている。

　また、子どもの保護者である親が虐待している場合は子どもを一時あるいは一定期間保護するとともに、親にも働きかけて養育方法の修正や子どもの権利について再認識を促すことが必要である。子どもを保護者から引き離せば終わりというわけにはいかない。子どもは虐待されても自分の親を慕い、虐待親の中には虐待している自覚がない者もいる。あるいはどう育ててよいかわからず「しつけ」と称して虐待する者もいる。虐待親を罰しただけで問題が解決するわけではない。家族の再統合に際して、子どもの権利や養育方法について親は学ぶべきであり、その機会を提供し適切な支援体制を国が整えるべきである。

　さらに、障がいや病気、いじめ、不登校、経済的理由から学校に行けない、医療が受けられない、人種や出自の違いにより差別を受ける等、さまざまな形で子どもの権利が踏みにじられている。これらの人権侵害に対し、国はもとより国民一人ひとりが関心を持ち誠意ある対応に努めなければならない。

図1 子どもに関する人権上の問題点

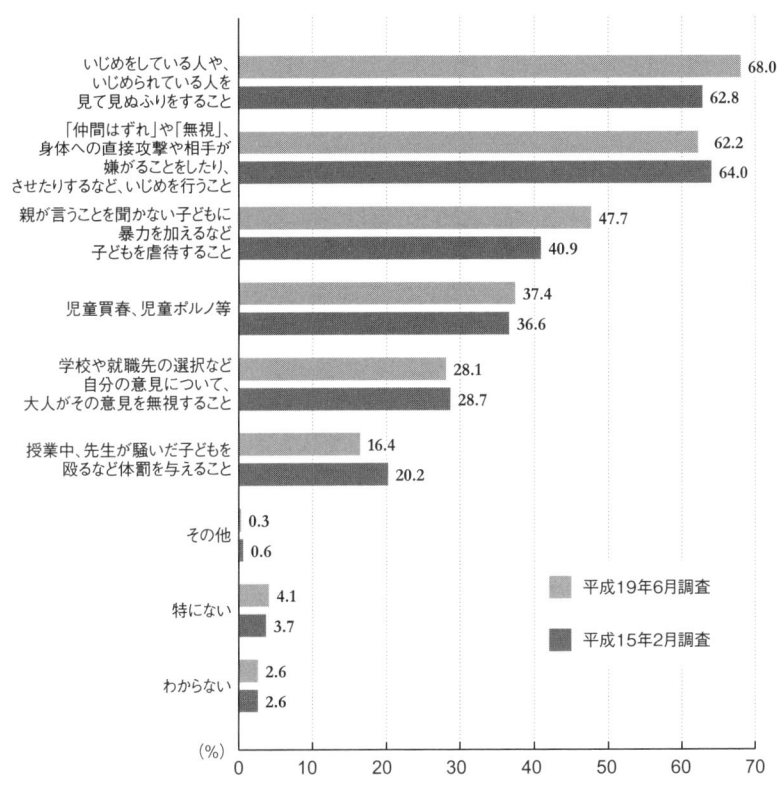

出所：法務省・文部科学省編『平成20年版 人権教育・啓発白書』佐伯印刷、2008年、9頁をもとに作成

2．子どもの権利擁護・保障の推進体制と活動

（1）行政設置の人権擁護機関

①法務省の人権擁護体制

　法務省は人権擁護推進審議会や人権擁護委員制度を設置している。人権擁護機関を社会に周知させるため、人権週間のパンフレットや啓発冊子、ビデ

オを作成し、近年のIT化により法務省ホームページや人権啓発活動ネットワーク協議会ホームページ等で広報活動を進めている。さらに、子どもが相談しやすいフリーダイヤルの専用相談電話として「子どもの人権110番」を設置し、全国の小・中学校の児童生徒に後納郵便で受け付ける「子どもの人権SOSミニレター」を配布している。子どもから人権に関わる相談があった場合には、子どもの人権専門委員（人権擁護委員）が対応している。

　②都道府県の人権擁護体制

　児童相談所は子どもの福祉に関する第一線機関である。児童虐待をはじめとして、いじめ、不登校等子どもとその保護者に対しあらゆる相談に応じるとともに、子どもの人権侵害状況に介入し擁護、支援を実践している。地域住民の利便性を考慮し、市町村の窓口でも対応している。特に児童虐待問題のような深刻な人権侵害に関しては、市町村の要保護児童対策地域協議会を設置し、福祉関係をはじめとして医療、保健、教育、警察等が連携・協力体制をとり、子どもの人権擁護に努めている。

　また兵庫県川西市では、日本で初めて「川西市子どもの人権オンブズパーソン条例」を採択し、1999年より子どもの人権擁護活動を開始している。オンブズパーソン活動には、カウンセリング活動やアドボカシー的活動、調整的活動がある。子どもの話を傾聴、共感し、辛い気持ちに寄り添いながら問題解決にあたる。その際、子どもが自分の意見を言えるように支援、代弁するアドボカシー機能が必要となる。その後、川崎市や埼玉県等各地で「子どもの権利条例」を設置する自治体が増え、子どもの権利の周知を図り、学校教育でも積極的に取り組むようになってきた。

　また、児童福祉施設に入所する子どもたちには、「子どもの権利ノート」が一人ひとりに手渡され、自分の持つ権利を認識するように努めている。1990年に高橋重宏によりカナダ・オンタリオ州の「子どもの権利・義務ハンドブック──レジデンシャル・ケアの児童とティーンエージャーのための手引き」が紹介された。日本でも「児童の権利に関する条約」を批准したことや施設内体罰事件が表面化し問題となったことから、「子どもの権利ノー

ト」が作成された。厚生省（当時）が1997年、1998年に権利ノート推奨の通知を全国に出したことにより普及していくことになった。

（2）民間における諸活動

日本弁護士会連合会は、毎年人権擁護大会を開催して子どもの人権擁護に取り組んでいる。1986年、東京弁護士会は子ども人権救済センターを設置し、救済申し立ての仕組みを作り活動を開始した。少年事件や学校問題（校則、体罰、いじめ等）、虐待、施設内虐待等に取り組み、2004年には子どものシェルター「カリヨン子どもの家」を設立した。

児童虐待分野において、1990年に大阪に児童虐待防止協会、翌年に東京に「子どもの虐待防止センター」を民間団体として発足させた。その後全国各地に活動団体が増えていった。電話を利用した相談活動から始まり、多くの子育て家庭の親からの虐待相談に対応するほか、虐待をした親への支援や被虐待児への心のケア、虐待防止活動等の事業を展開し、児童相談所や市町村とネットワークを組み活躍している。

このほかにも、子どもの電話相談「チャイルドライン」がある。1986年にイギリスで始まり、日本では1998年に「世田谷チャイルドライン」が最初に開設したことを契機に各地に広がっていった。子どもがいつでも話したい時に利用する留守番電話を利用する東京の「ハートボイス」等の相談活動もある。また、時代の流れとともにインターネットを利用したホームページへのアクセスに切り替えてきている。

日本は国連の「児童の権利に関する条約」を批准してから、子どもの人権擁護、保障に取り組む体制を徐々に整備してきているが、いまだ満足できる状況には至っていない。行政の対応は不十分であるため、一般国民に対して啓発・広報活動を活発に行い、行政と民間団体が連携し実効性のある協力体制を構築していくことが求められる。

〔参考文献〕

荒牧重人ほか編『子ども支援の相談・救済——子どもが安心して相談できる仕組みと活動』日本評論社、2008年

国連「子どもの権利委員会」委員ロタール・クラップマンさんと語る会実行委員会編『子どもの権利条約から保育の民間委託を考える——国連へみんなで届けよう練馬の声』東京自治問題研究所、2006年

子ども情報研究センター編『子どもの権利擁護と市民の役割——格差社会からつながる社会へ』(はらっぱ叢書)明石書店、2007年

高橋重宏編著『子どもの権利擁護——神奈川県の新しいとりくみ』中央法規出版、2000年

長谷川眞人編著『子どもの権利ノート——子どもの権利擁護の現状と課題』三学出版、2005年

第2章

子どもに関わる法律

岸 優子

第1節　子どもを守る法律

1．子どもをめぐる法律

　子どもの福祉に関係する最も基本的な法律は、最高法規である日本国憲法第14条「法の下の平等」と第25条「健康的で文化的な最低限度の生活を営む権利（生存権）」を児童に関して具体化した児童福祉法（1947〔昭和22〕年制定）である。またこのほかにも、児童扶養手当法（1961〔昭和36〕年制定）、特別児童扶養手当等の支給に関する法律（1964〔昭和39〕年制定）、母子及び寡婦福祉法（1964〔昭和39〕年制定）、母子保健法（1965〔昭和40〕年制定）、児童手当法（1971〔昭和46〕年制定）、育児休業、介護休業等育児又は家族介護を行う労働者の福祉に関する法律（1991〔平成3〕年制定）等がある。また法律ではないが、「児童憲章」（1951〔昭和26〕年）と「児童権利宣言」（1959〔昭和34〕年）、「児童の権利に関する条約」（1989年国連総会で採択、日本は1994〔平成6〕年批准）が、子どもの幸福な生活を保障するための国民的合意、あるいは国際的確認としてあり、子どもに関する法律を具体的に立案・制定する際には、それらの理念が十分に配慮されなければならないと考えられている。

　子どもの福祉は、教育とも密接に関連している。その意味では、憲法が保障する「学問の自由」（第23条）と「教育を受ける権利」（第26条）を子どもに関して具体化した教育基本法（1947〔昭和22〕年制定）が重要である。教育基本法は、憲法の精神に基づいて、民主的で平和的な国家を建設し、世界の平和と人類の福祉に貢献しようとする理想の実現を教育の力に託し、戦後日本の教育の基本を確立するために制定された。すべての教育法規の根本法となるもので、学校教育・教育行政・社会教育に関する諸法規がこの法律のもとに定められている。2006（平成18）年に制定以来約60年ぶりに初めて全面的に改正され、旧法の普遍的な理念は継承しつつも、新しい教育の目標と

して、「豊かな情操と道徳心」「公共の精神」「環境の保全」「伝統と文化」を尊重し、そのための具体的施策を規定した。子どもに関連する施策としては、「家庭教育」（第10条）、「幼児期の教育」（第11条）、「学校、家庭及び地域住民等の相互の連携協力」（第13条）等が新たに盛り込まれた。

特に、第10条の家庭教育に関する条文は、子どもの育成や教育において第一義的責任を負うのが保護者であって、国及び地方公共団体は家庭教育を支援する立場にあるという、ある意味自明の事柄を初めて明記した。

> 第10条　父母その他の保護者は、子の教育について第一義的責任を有するものであって、生活のために必要な習慣を身に付けさせるとともに、自立心を育成し、心身の調和のとれた発達を図るよう努めるものとする。
> 2　国及び地方公共団体は、家庭教育の自主性を尊重しつつ、保護者に対する学習の機会及び情報の提供その他の家庭教育を支援するために必要な施策を講ずるよう努めなければならない。

以上のような経緯を踏まえ、これらの法律・憲章・宣言のうち、戦後の児童福祉制度の根幹をなしてきた児童福祉法と、近年の子どもが置かれている家庭状況を考慮して、2000（平成12）年に制定された児童虐待防止法（正式名称「児童虐待の防止等に関する法律」）について、その理念・目的・構成・内容等を、制定・改正の歴史的過程や社会的背景等を考慮しながら概観することにする。

2．児童福祉法

現行の児童福祉法（1947〔昭和22〕年制定、最終改正は2008〔平成20〕年）は、全6章、全62条及び附則で構成されている。

この法律の対象は、次世代を担う「すべての児童」であるが、ここでいう「児童」とは、満18歳未満の者と定義されており、その中で、満1歳未満の「乳児」、満1歳から小学校就学前までの「幼児」、小学校就学から満18歳ま

での「少年」とに区別されている。

　この法律の基本理念は、第1章冒頭に掲げられた第1条・第2条に集約的に表現されている。すなわち、第1条「すべて国民は、児童が心身ともに健やかに生まれ、且つ、育成されるよう努めなければならない。②すべて児童は、ひとしくその生活を保障され、愛護されなければならない」は、児童の基本的人権と呼ぶべきもの（大人とは異なる児童の独自性）がすべての大人によって尊重されなければならないことを主張する。一方、第2条「国及び地方公共団体は、児童の保護者とともに、児童を心身ともに健やかに育成する責任を負う」は、すべての児童の基本的人権を保障するにあたっての公的責任（主体としての国・地方公共団体の責務）を明確化するものである。もっとも、児童の福祉を実現する本来の主体はあくまでも保護者であり、家庭であると考えられており、国・地方公共団体は、何らかの理由によって保護者が家庭において児童を育成することができない場合に、その児童を「要保護児童」として、家庭に代わって保護することが基本となっている。2008（平成20）年の改正により、保護等を要する者として、新たに「要支援児童」やその保護者、「特定妊婦」が追加された。「要支援児童」とは、保護者の養育を支援することが特に必要と認められる児童であり、「特定妊婦」とは、出産後の養育について出産前において支援を行うことが特に必要と認められる妊婦である。

　児童福祉法は、「児童の最善の利益」の尊重という基本的理念を具現するための施策として、第1章第2節に「児童福祉審議会等」の行政機関、第3節に児童相談所等の「実施機関」、第4節から第6節に児童福祉司等児童福祉業務を遂行する専門職の役割を規定し、第2章において、障がい児等に対する福祉業務の内容を「福祉の保障」として規定する。第3章では、児童福祉施設等、家庭外で社会的に児童を擁護するための「事業、養育里親及び施設」を規定する。以下、もう少し具体的にこれらの施策を見ていくことにしよう。

　児童福祉に関わる行政機関としては、厚生労働大臣、都道府県知事、市町村長の諮問に答えて、調査・審議を行い、関連行政機関に意見を具申する機関として、社会保障審議会、都道府県児童福祉審議会、市町村児童福祉審議

会が定められている。

　児童福祉に関する具体的・専門的な業務を行う実施機関（「現業機関」ともいう）としては、児童の諸問題について、判定・相談・指導・一時保護・措置（児童福祉施設への入所等）を行う児童相談所、児童の福祉について相談・調査・指導を行い措置の必要な者を児童相談所に送致する福祉事務所、児童の健康相談・健康診査・健康指導等を行う保健所が定められている。

　児童福祉の業務を遂行する専門職としては、児童相談所で業務を行う児童福祉司、民生委員法に基づいて選任され児童福祉司の仕事に協力する児童委員、そして「専門的知識及び技術をもって、児童の保育及び児童の保護者に対する保育に関する指導を行うことを業とする者」（第18条の４）として保育士が規定されている。

　児童を擁護する社会的な専門施設は「児童福祉施設」と呼ばれ、現時点では、14種が定められている。それらは、対象とする児童に応じて４種に大別することが可能である。すなわち第１に、養育環境に問題を持つ児童を対象とする①助産施設（第36条）、②乳児院（第37条）、③母子生活支援施設（第38条）、④保育所（第39条）、⑤児童養護施設（第41条）、第２に、心身に障がいを持つ児童を対象とする⑥知的障害児施設（第42条）、⑦知的障害児通園施設（第43条）、⑧盲ろうあ児施設（第43条の２）、⑨肢体不自由児施設（第43条の３）、⑩重症心身障害児施設（第43条の４）、第３に、情緒や行動に問題を持つ児童を対象にする⑪情緒障害児短期治療施設（第43条の５）、⑫児童自立支援施設（第44条）、第４に、その他一般の児童を対象とした⑬児童厚生施設（第40条）、⑭児童家庭支援センター（第44条の２）である。これらのうち最も施設数が多く、定員・従事者も多いのは保育所である。これらの児童福祉施設は公営のものもあれば、私設のものもあり、児童の処遇形態という観点からは、入所型施設（児童が施設内で起居する）、家庭型施設（里親など）、通所型施設（児童が家庭から通う）の３種に大別することができる。なおこれらの施設では、厚生労働省雇用均等・児童家庭局の指導・監督のもとで、施設長のほか、保育士、児童指導員等が、看護師や栄養士等と協力して業務を遂行している。

3．児童福祉法の改正

　児童福祉法が制定されたのは1947（昭和22）年、戦後の混乱の時代であり、法律の理念として「次代の日本を担う児童すべて」を健全に保育することが謳われてはいたものの、制定の直接的契機はあくまでも、戦災浮浪児・引揚孤児を保護し、栄養不良児等に対して保健衛生対策を講ずる必要性である。しかしその後時代状況が変化するとともに、子どもをめぐる社会的・家庭的環境もまた変化し、それに伴って児童福祉法もまた、何度も改正されている。ここでは、最近行われた改正のうち、1997（平成9）年の大改正、及び2001（平成13）、03（平成15）、04（平成16）、08（平成20）年の改正を取り上げ、改正が必要になった時代状況と関連させながら、主要な改正点を概観することにする。

　1997年の改正は大きなもので、主要な改正点は、第1に児童自立支援施設の充実、第2に保育所制度の見直し、第3に母子家庭支援対策の見直しである。

　第1の児童自立支援施設の充実を象徴するのは、従来の虚弱児施設を廃止し、その機能を児童養護施設（第41条）に移行させ、児童家庭支援センター（第44条の2）を創設したことである。これらの改正が象徴的であるというのは、一方で、従来、結核等の病虚弱児を対象としてきた虚弱児施設の廃止が、医療施策一般の向上・充実と結びついていたからであり、他方、「地域の児童の福祉」を担当する児童家庭支援センターの創設が、地域に密着した形で解決（相談・助言・指導・連絡調整）することの必要性と結びついていたからである。なお、2008年の改正により、児童家庭支援センターは、児童福祉施設への附置要件が削除されるとともに、その目的が専門的知識・技術を必要とする相談・支援へとその独自性・専門性を発揮する機能の拡充が図られることになった。

　第2の保育所制度の見直しは、少子化対策の一環としての政策のために保育所を拡充・整備するための改正である。すなわち、従来、保育所の利用については、ほかの児童福祉施設（「利用施設」である児童厚生施設〔第40条〕を除く）と同じように、行政処分である措置制度によって入所が決定されており、入所が保護者からの申し込みを前提するものではあっても、具体的にど

この保育所に入るかは行政の判断に委ねられていた。この改正によって、「保護者の申し込みを受けて、市町村は保育を行わなければならない」とされ、「保育に欠ける」という要件の判断は行政が行うとしても、保護者は利用したい保育所を直接選べるようになった。

　このような改正が行われた背景に、主として都市部における、夫婦共働き家庭の一般化による保育所の待機児童の増加があったことはいうまでもない。また、働く保護者による子育てを支援するために、「放課後児童健全育成事業」すなわち「小学校に就学しているおおむね10歳未満の児童であり、その保護者が労働等により昼間家庭にいないものに、政令で定める基準に従い、授業の終了後に児童厚生施設等を利用して適切な遊び及び生活の場を与えて、その健全な育成を図る事業」を行うことが定められたのも、この改正時である。

　第3の母子家庭支援対策の見直しは、「ひとり親家庭」の自立を、相談や就労支援の充実によって、支援しようというものである。

　2001年の主要な改正点は、児童福祉法及び児童福祉施設最低基準で定められた者以外が経営する無認可保育施設（いわゆる「ベビーホテル」等）に対する監督が強化されたことである。この背景にも、待機児童の増加という事実があることはいうまでもないが、これらの施設で当時頻発していた死亡事故や権利侵害を抑制するため、無認可保育施設の都道府県知事への届出が義務付けられるとともに、保育サービスの供給を促進する観点から、それらの施設に対して公的補助金を出すことも認められた。また、従来都道府県知事が証明していた保育士（1999〔平成11〕年まで「保母」）の資格が国家資格とされたのもこの改正時である。

　2003年の主要な改正点は、従来、「問題」や「課題」を持つ児童や家庭を主たる対象にしてさまざまな施策が行われていたのに対して、少子化対策の一環として、子どもを育てる家族を支援する施策を推進し、体制を整備することが市町村の責務であることが法定化されたことである。

　2004年の改正も、1997年の改正と同様大きなもので、主要な改正点は児童相談体制の充実が図られたことである。すなわち、子どもや子育てに関する相談を担当する主たる機関が、都道府県によって設置された児童相談所から、

子どもや保護者にとってより身近な市町村へと変更された点である。それに伴って、児童相談所の役割も、「各市町村の区域を超えた広域的な見地から、実情の把握に努めること」「児童に関する家庭その他からの相談のうち、専門的な知識及び技術を必要とするものに応ずること」（第11条第2項）というように、広域化・専門化した。

　2008年の改正では、子育て支援事業が強化され、第6条の2において「乳児家庭全戸訪問事業」（第4項）、「養育支援訪問事業」（第5項）、「地域子育て支援拠点事業」（第6項）、「一時預かり事業」（第7項）、「小規模住居型児童養育事業」（第8項）の5事業が追加された。

　さらに、待機児童対策として、家庭的保育事業（保育ママ）を創設した（制度化等は2010〔平成22〕年4月1日施行予定）。社会的養護の受け皿を拡充するため、養子縁組を前提としない養育里親を制度化した。また、児童養護施設等の内部における虐待対策の強化のため、虐待を発見した者の通告義務等を設けるほか、地域における児童虐待対策を強化した。

　以上、児童福祉法は、日本国憲法第14条「法の下の平等」及び第25条「健康的で文化的な最低限度の生活を営む権利」を直接的な法的根拠として制定された。制定当初は、要保護児童を中心とした施策や児童福祉施設の整備・充実を重視していたが、制定から半世紀以上経過した現在では、その目標を大きく転換し、少子化対策と児童虐待の増加への対策を主要な課題とするようになった。

第2節　児童虐待と法律

1．児童虐待の防止等に関する法律

　子どもの福祉が著しく犠牲にさらされる場合の1つが、児童虐待（身体的虐待・ネグレクト・性的虐待・心理的虐待）であり、2000（平成12）年5月に制定さ

れ、以後2度にわたって改正された児童虐待の防止等に関する法律（以下「児童虐待防止法」）は、子どもを児童虐待による権利侵害から守るための法律である。特に、これまで児童福祉法等で規定されてきた児童虐待について、より補強する形で早期発見、早期対応の具体的在り方を明確化した意義は大きい。

現行の児童虐待防止法（最終改正2007〔平成19〕年）は、全17条及び附則で構成されている法律である。

児童虐待防止法の目的については、第1条に「児童虐待が児童の人権を著しく侵害し、その心身の成長及び人格の形成に重大な影響を与えるとともに、わが国における将来の世代の育成にも懸念を及ぼすことにかんがみ、児童に対する虐待の禁止、児童虐待の予防及び早期発見その他の児童虐待の防止に関する国及び地方公共団体の責務、児童虐待を受けた児童の保護及び自立の支援のための措置等を定めることにより、児童虐待の防止等に関する施策を促進し、もって児童の権利利益の擁護に資すること」とある。

この法律にとって重要な点は、第1に、児童虐待を子どもの人権侵害と見なしていること、第2に、児童虐待を受けた子どもを「保護」するだけでなく、「自立の支援」という措置の必要性を主張していること、そして第3に、「児童の権利利益」の擁護が最終的な目的であることを明記していることである。

では、ここでいう「児童虐待」とは、具体的にどのような行為・事態を指すのであろうか。第2条は、「児童虐待」を定義して次のようにいう。

> **第2条（児童虐待の定義）** この法律において、「児童虐待」とは、保護者（親権を行う者、未成年後見人その他の者で、児童を現に監護するものをいう。以下同じ。）がその監護する児童（18歳に満たない者をいう。以下同じ。）について行う次に掲げる行為をいう。
> 一　児童の身体に外傷が生じ、又は生じるおそれのある暴行を加えること。
> 二　児童にわいせつな行為をすること又は児童をしてわいせつな行為をさせること。
> 三　児童の心身の正常な発達を妨げるような著しい減食又は長時間の放置、保

護者以外の同居人による前二号又は次号に掲げる行為と同様の行為の放置その他の保護者としての監護を著しく怠ること。
　四　児童に対する著しい暴言又は著しく拒絶的な対応、児童が同居する家庭における配偶者に対する暴力（配偶者（婚姻の届出をしていないが、事実上婚姻関係と同様の事情にある者を含む。）の身体に対する不法な攻撃であって生命又は身体に危害を及ぼすもの及びこれに準ずる心身に有害な影響を及ぼす言動をいう。）その他の児童に著しい心理的外傷を与える言動を行うこと。

　本条第1号が、いわゆる「身体的虐待」、第2号が「性的虐待」、第3号が「ネグレクト」、第4号が「心理的虐待」に相当するが、注目すべきは、第4号が、児童に対する直接的な暴言や拒否的な対応ばかりではなく、いわゆる配偶者等からの家庭内暴力（ドメスティック・ヴァイオレンス：DV）が児童に与える間接的な影響も、心理的外傷を与える言動と見なしている点である。
　児童虐待防止法の第2条以下の条文は、主として被虐待児の早期発見（通告）・早期対応（出頭要求・立入調査・臨検（りんけん）・捜索（そうさく））・保護・自立支援（援助・治療・アフターケア）に関わる国及び地方公共団体の責務と保護者の役割を規定する（図1参照）。特徴的なのは、次の点である。
　第1に、児童虐待の早期発見については、個人としての専門家ばかりでなく、広く「学校、児童福祉施設、病院その他児童の福祉に業務上関係のある団体及び学校の教職員」（第5条）にまで、努力義務が課されている。
　第2に、通告については、「児童虐待を受けた児童」ではなくて、「児童虐待を受けたと思われる児童」（第6条）を発見した者としており、通告を容易にしている。
　第3に、通告を受けた場合の措置として最も重要なのは「当該児童の安全の確認」（第8条）であるが、そのための措置として出頭要求・調査・質問（第8条の2）、立入調査（第9条）、再出頭要求（第9条の2）、臨検・捜索（第9条の3）を認めている点である。中でも重要なのは臨検・捜索の規定である。それによると、「児童虐待が行われている疑いがある時は、当該児童

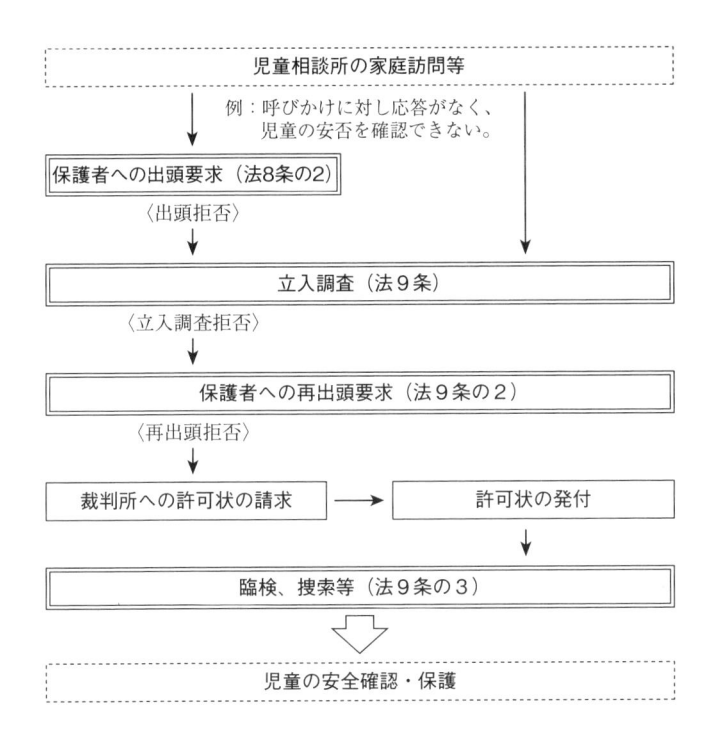

図1 児童の安全確認等のプロセス

```
┌─────────────────────────────┐
│     児童相談所の家庭訪問等      │
└─────────────────────────────┘
              ↓    例：呼びかけに対し応答がなく、
                    児童の安否を確認できない。
┌─────────────────────┐
│ 保護者への出頭要求（法8条の2）│
└─────────────────────┘
     ↓〈出頭拒否〉
┌─────────────────────────────┐
│       立入調査（法9条）        │
└─────────────────────────────┘
     ↓〈立入調査拒否〉
┌─────────────────────────────┐
│  保護者への再出頭要求（法9条の2）  │
└─────────────────────────────┘
     ↓〈再出頭拒否〉
┌──────────────┐   ┌──────────────┐
│裁判所への許可状の請求│ → │  許可状の発付  │
└──────────────┘   └──────────────┘
┌─────────────────────────────┐
│    臨検、捜索等（法9条の3）     │
└─────────────────────────────┘
              ⇓
┌─────────────────────────────┐
│       児童の安全確認・保護      │
└─────────────────────────────┘
```

出典：『チャイルドヘルス』Vol.11、№8、診断と治療社、2008年、35頁をもとに作成

の安全の確認を行い又はその安全を確保するため、児童の福祉に関する事務に従事する職員をして、当該児童の住所又は居所の所在地を管轄する地方裁判所、家庭裁判所又は簡易裁判所の裁判官があらかじめ発する許可状により、当該児童の住所若しくは居所に臨検させ、又は当該児童を捜索させることができる」とする点である。

　第4に、児童の生命・身体の安全を「確認」し「確保」（一時保護）する際には、一方で、警察署長に対する援助要請等を行うことができるとともに、他方で、援助要請を受けた警察署長は「速やかに、所属の警察官に、同項の職務の執行を援助するために必要な警察官職務執行法（昭和23年法律第136

号）その他の法令の定めるところによる措置を講じさせるよう努めなければならない」（第10条第3項）と明記されている。

　第5に、児童虐待を行った保護者に対する指導や親権の剥奪（はくだつ）、児童虐待を受けた児童の一時保護（第11条）については、児童福祉法（第27条・第33条）の規定に基づいて行われるが、強制的に分離した保護者と被虐対児の間での面会通信を制限し、次のような接近禁止命令を出すことが可能である（第12条）。すなわち、都道府県知事が「6月を超えない期間を定めて、当該保護者に対し、当該児童の住所若しくは居所、就学する学校その他の場所において当該児童の身辺につきまとい、又は当該児童の住所若しくは居所、就学する学校その他その通常所在する場所（通学路その他の当該児童が日常生活又は社会生活を営むために通常移動する経路を含む。）の付近をはいかいしてはならないことを命ずることができる」（第12条の4）という点である。

　第6に、児童虐待防止法は、児童虐待を行った保護者への指導について、基本的には、「親子の再統合への配慮その他の児童虐待を受けた児童が良好な家庭的環境で生活するために必要な配慮のもとに適切に行われなければならない」（第11条第1項）として、保護者と児童の最低限の分離と家族の再統合を目指すべきであるとしながらも、被虐待児に対する自立支援の必要性を明記している。すなわち「国及び地方公共団体は、居住の場所の確保、進学又は就業の支援その他の児童虐待を受けた者の自立の支援のための施策を講じなければならない」（第12条の2第3項）として、被虐待児の家庭復帰というよりも、その安全を優先している点である。

2．子どもをめぐる現実と法律

　現実と法律との間には双方向的な関係がある。ある現実が法律を要請し、制定された法律が現実を変化させながらも、現実が変化するとともに法律も変化することが要請されるからである。このことが児童福祉法の成立と改正にあてはまることは、すでに第1節で見たところであるが、児童虐待防止法

もまたその例外ではない。

　そもそも児童虐待防止法は、1990年代中頃以降、母親の育児放棄による子どもの死亡事例等が顕在化し、この種の保護者の児童に対する身体的・心理的等の加害行為が「児童虐待」として社会問題化するに至り、その防止を目的として、2000（平成12）年5月に制定されたものである。この法律は、その後2度、2004（平成16）年と、2007（平成19）年に改正されているが、それが、3年ごとの見直し規定によるものであったとしても、その改正の背景に子どもをめぐる現実の変化（従来の法律では対処できない事態の出現）があったことは確かである。

　2004（平成16）年の改正に大きな影響を及ぼしたのは、K市の中学生が、父親と父親の内縁の妻によって約1年半にわたって虐待され、父親らが殺人未遂容疑で逮捕された事件である。この事件が児童虐待防止法の改正に大きな影響を与えたのは、学校が虐待を疑い、家庭訪問をしたにもかかわらず本人に会わせてもらうことができず、他方で、児童相談所に連絡したにもかかわらず児童相談所がそれを児童虐待防止法でいうところの「通告」とは受け取らず、安全の確認を行わなかった点において、法律的な不備を露呈したからである。すでに、本節の1で列挙した児童虐待防止法の特徴のうち、児童虐待に関わる早期発見義務の拡大（「児童の福祉に業務上関係のある団体及び学校の教職員」に早期発見の努力義務を課す第1の点と、「児童虐待を受けたと思われる児童」を通告の対象とする第2の点）等は、不十分ながらも、こうした「通告」の問題を解決する手がかりであるし、援助要請を受けた警察署長が警察官に必要な措置を講じさせることの明記（第4の点）等は、例に挙げたような拒否的な保護者の対応を改善させる可能性を高めるものである。もちろん、2004（平成16）年の改正に影響を及ぼしたのは、この事件だけではない。配偶者による家庭内暴力が社会問題化し、すでに2001（平成13）年には、いわゆる「DV防止法」（正式名称「配偶者からの暴力の防止及び被害者の保護に関する法律」）が制定されていたが、DVを目撃することもまた「児童に著しい心理的外傷を与える言動」（第2条4号）であると認識されるに至り、児童

虐待防止法の定義そのものを見直させる（拡大させる）ことになったことを忘れてはならない。

　2007（平成19）年の改正もまた、子どもをめぐる現実に対処するために行われた。すなわち、児童の安全確認等のための立入調査等（**図1**の二重枠部分）が強化された（児童虐待防止法の特徴として指摘した第3の点）が、それは社会から孤立化した家庭内で行われる児童虐待の本質がより深く理解されたからである。また、面会通信の制限や接近禁止令の発令が可能になった（第5の点）のは、虐待を行う保護者が隔離された児童に付きまとったり、嫌がらせをして奪回を図ったりする事例が跡を絶たなかったからである。

　しかし、この法律に問題がないわけではない。この法律では、「児童の最善の利益」を尊重するために、子どもを保護者から分離し、守るという観点から、親権の行使を制限し、自立を支援しようとするからである。しかし、子どもの「自立」はそれほど単純でも簡単なことでもない。子どもたちが一人の人間として生涯にわたり安全と豊かな成長・発達を遂げるために、子どもに関係する福祉・教育・医療・環境等の多様な法律を、今後より一層相互に有機的に連携させることが、虐待の世代間再生産を防ぐ福祉サービスの充実につながるのである。

〔参考文献〕
　　厚生統計協会編『国民の福祉の動向』（厚生の指標　臨時増刊）第55巻第12号、2008年
　　厚生労働省編『生涯を通じた自立と支え合い――暮らしの基盤と社会保障を考える（厚生労働白書　平成20年版）』ぎょうせい、2008年
　　子どもと保育総合研究所編『最新保育資料集2008――保育所、幼稚園、保育者に関する法制と基本データ』ミネルヴァ書房、2008年
　　『刑事法ジャーナル』Vol.12、イウス出版、2008年
　　『現代刑事法――その理論と実務』第6巻第9号（No.65）現代法律出版、2004年

第3章

児童福祉行政と諸制度

阿久津 摂

第1節　児童福祉の行政機関

　児童福祉に関する法律や施策の対象となるのは誰なのだろう。児童に関する法律の中で最も基本的な児童福祉法の4～6条に、児童・障害児（4条）、妊産婦（5条）、保護者（6条）とそれぞれ定義が示されているように、児童のほか、児童を監護すべき保護者、そして妊産婦等も法・施策の対象である。これは児童福祉が児童のみならず児童に関係する関係者が社会と何らかの関係を持ち、初めて展開されるものという側面を示している。特に家庭機能の弱体化を受けて、その対象も児童から児童家庭と広がりを見せている。そのため「児童福祉施策」は最近では「児童家庭福祉施策」と呼ばれるようになっている。

　児童や保護者等が社会に関与する時に、まずその窓口になるのは行政機関である。例えば妊娠を市町村もしくは市町村の設置する保健センターに届け出れば、その後母子保健サービスが受けられるようになる。このように児童福祉のサービスの提供に関して行政機関の果たす役割はとても大きい。制度があっても、その存在や利用の仕方を知らずに申請しなければないものと同じになってしまう。そうした意味でも、保育士等児童に関係する専門職に就く者は、現在行われている児童福祉に関する施策の概要と、それをどの機関が実施しているのかを把握しておく必要がある。

　以下、都道府県・市町村とそれに付属する児童福祉審議会、また都道府県が設置する児童相談所、福祉事務所、保健所、そして地域に設置されている児童委員、主任児童委員等主な行政機関について説明していく。またその他児童福祉に関係する児童家庭支援センター、家庭裁判所にも触れることとする。

1．行政機関

　児童福祉法をはじめとする児童に関係する法律を実際に運用するのが行政機関である。日本の場合、国、都道府県、市町村と業務を分け、体系的に業務を展開している。国は都道府県に対し、そして都道府県は市町村に対して、

図１　児童福祉機関系統図

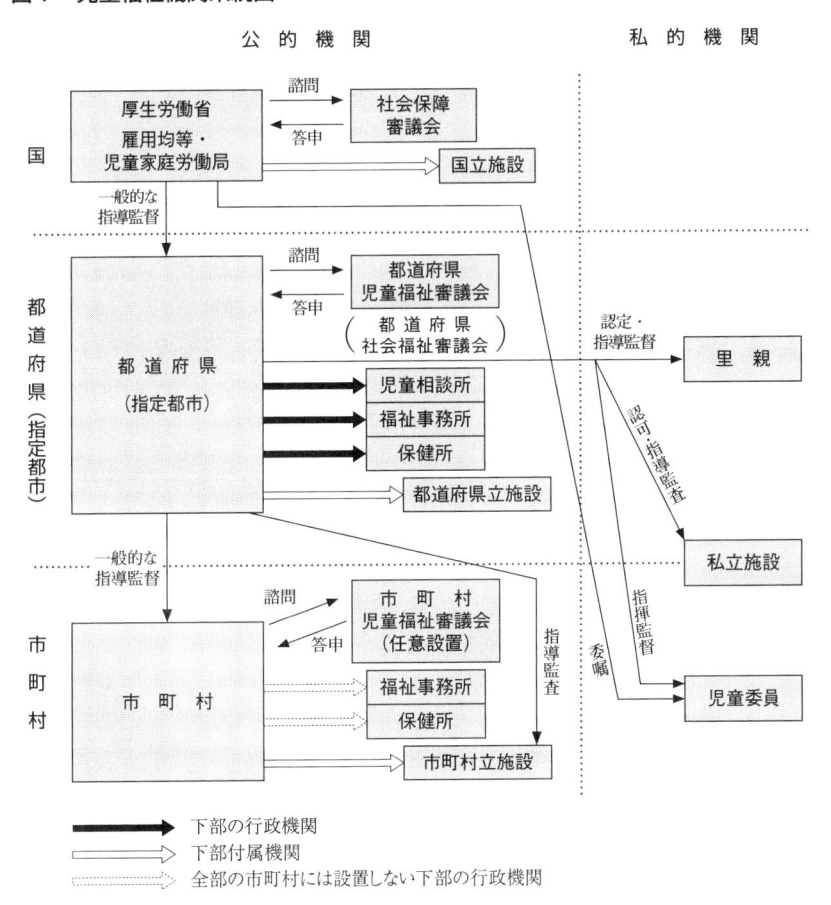

```
                公　的　機　関                        私　的　機　関

        ┌──────────┐  諮問  ┌──────┐
        │ 厚生労働省     │ ───→  │社会保障│
   国   │ 雇用均等・     │ ←───  │審議会  │
        │ 児童家庭労働局 │  答申  └──────┘
        └──────────┘ ────→ ┌──────┐
             │                          │国立施設│
             │ 一般的な                  └──────┘
             │ 指導監督
─ ─ ─ ─ ─ ┼ ─ ─ ─ ─ ─ ─ ─ ─ ─ ─ ─ ─ ─ ─ ─ ─ ─ ─ ─
             │
   都     ┌──────┐ 諮問 ┌──────────┐
   道     │              │ ──→ │ 都道府県       │
   府     │              │ ←── │ 児童福祉審議会 │              認定・
   県     │              │ 答申 │（都道府県      │             指導監督  ┌────┐
  (指定   │ 都道府県     │      │ 社会福祉審議会）│          ─────→ │里　親│
   都市)  │（指定都市）  │      └──────────┘                      └────┘
          │              │ ══▶ ┌──────┐
          │              │     │児童相談所│       認可・指導監査
          │              │ ══▶ │福祉事務所│   ┌───────┐
          │              │ ══▶ │  保健所  │   │              │  ┌──────┐
          └──────┘     └──────┘   │              ↓  │私立施設│
             │         ────→┌──────────┐ └──────┘
             │                │都道府県立施設    │   指揮監督
             │ 一般的な        └──────────┘       │
             │ 指導監督                              │
┄ ┄ ┄ ┄ ┄┼┄ ┄ ┄ ┄ ┄ ┄ ┄ ┄ ┄ ┄ ┄ ┄┄┄┄┄┄┄┄
             │                                         │
   市      ┌───┐ 諮問 ┌──────┐    指導監査
   町      │      │ ──→ │市　町　村│              委嘱  ┌──────┐
   村      │      │ ←── │児童福祉  │          ─────→ │児童委員│
          │市町村│ 答申 │審議会    │                      └──────┘
          │      │      │（任意設置）│
          │      │ ──→ ┌──────┐
          │      │      │福祉事務所│
          │      │      │ 保健所   │
          └───┘      └──────┘
                    ────→ ┌──────────┐
                              │ 市町村立施設    │
                              └──────────┘
```

　━━━▶　下部の行政機関
　───▶　下部付属機関
　┄┄┄▶　全部の市町村には設置しない下部の行政機関

出所：新・保母養成講座編纂委員会編『児童福祉（新・保母養成講座第２巻）』全国社会福祉協議会、1991年、71頁をもとに作成

それぞれ指導監督する権限を有している。さらに都道府県、市町村はそれぞれ業務を実際に実施するための機関を設置している場合もある。都道府県、指定都市が児童相談所を設置し、児童相談所がその権限の委譲のもとに業務を行っているのもこの例である（図1）。

（1）国

国は児童家庭に関する福祉行政全般の施策の決定を行い、それに予算措置を行う等の、福祉の方向性を決める中枢的な役割を果たしている。担当省は厚生労働省であり、担当局は雇用均等・児童家庭局である。ただし児童福祉施策の方向性の決定は、行政担当者のみで決定するわけではない。児童や家庭のニーズを汲み上げ、また実際の児童福祉現場の現状に合わせた施策とするために、専門家や現場実践者等からなる審議会の意見も反映させ、決定している。

その他国は都道府県に対し指導監督する役目もある。具体的な行政事務としては児童相談所業務、保健所の母子保健業務、福祉事務所の児童福祉業務についての一般的指導助言や、児童委員の委嘱、その他にさまざまな手当支給に関する指導助言、国立施設の運営等幅広く携わっている。

（2）都道府県（指定都市）

都道府県、そして指定都市（人口50万人以上で政令によって指定された都市は児童福祉の事務について都道府県が持っている権限の委譲を受けている）は、都道府県内もしくは指定都市内の児童福祉の事業の企画や予算の措置のほか、市町村内の連絡調整等を行っている。都道府県の担当部署はその行政組織によって違いがあるが、それぞれ民生局、民生部、保健福祉部内に設置された児童課、児童家庭課、保育児童課等が業務を担当している場合が多い。具体的な事務としては、児童相談所・福祉事務所・保健所の設置運営や児童福祉施設の認可指導監督、児童委員の指揮監督、乳児院・児童養護施設・知的障害児施設・知的障害児通園施設・盲ろうあ児施設・肢体不自由児施設・重症心身障害児施設・情緒障害児短期治療施設・児童自立支援施設への入所措置、未熟児に対する医療

費給付である養育医療の給付、障がい児に対する医療費給付である自立支援医療費の給付、そして保育士の登録等、その他多岐にわたるものとなっている。

(3) 市町村

市町村は住民の最も身近な地方公共団体として、基礎的な部分の児童福祉行政事務を行っている。福祉全般を担当する民生部、福祉部内に児童課、保育課等の課が設置されている。具体的には児童福祉に関する実情の把握・情報の提供・相談業務・調査、保育所における保育の実施、市町村保健センターの設置、母子に対する健康診査、母子健康手帳の交付等の業務を行っている。

2. 審議機関（社会保障審議会・児童福祉審議会）

児童福祉審議会の権限や組織については児童福祉法の第2節で規定されている。児童福祉法第8条で、児童・妊産婦及び知的障がい者の福祉について「調査審議するため、都道府県に児童福祉に関する審議会その他の合議制の機関を置くものとする」（第1項）とされ、それぞれ都道府県には児童福祉審議会が必ず置かれている（義務設置）。また市町村（特別区も含む）にも任意で児童福祉審議会を設置することができる。

国においては、以前は厚生省（現：厚生労働省）に諮問する機関として中央児童福祉審議会が設置されていたが、2001（平成13）年より高齢者、障がい者等を含め、社会保障全体の中で児童福祉も捉えていくという方向性のもとで「社会保障審議会」と名称変更、統合された。

審議会の職務の中心は、児童、妊産婦、知的障がい者の福祉に関して都道府県知事の諮問に答え（答申）、または具体的な行政事務に関して意見（意見具申）することである。行政組織のみで政策決定をするのではなく、地域社会の現状を汲み上げることのできる、福祉事業の従事者や学識経験者の声を政策に反映していこうという考えのもとに設置され、審議会の委員の定数は20名以内となっている。

その他社会保障審議会、都道府県児童福祉審議会は児童及び知的障がい者

の福祉を図るために、芸能・出版物・玩具・遊戯（ゆうぎ）等の推薦を行う一方、これらの製造者や興行主等に対して必要な場合は勧告を行うことができる。

3．児童福祉の実施機関

先に述べたように都道府県や市町村は、福祉保健の専門機関に権限を委譲し実際の事務はその専門機関で執り行っていることも多い。以下児童福祉の行政事務を司る専門機関を見ていくことにする。

（1）児童相談所

児童相談所は児童福祉法に基づく行政機関という側面と児童に関する相談機関としての側面を併せ持つ、児童福祉の最も重要な専門機関である。各都道府県、指定都市には設置が義務付けられている（義務設置）。また2004（平成16）年の児童福祉法改正で中核市（人口30万人以上で政令によって指定を受けた都市）等が児童相談所を設置することも可能となった。2007（平成19）年4月現在全国に195カ所（支所を除く）設置されている。

①業務

児童相談所の主な業務は児童福祉法第11・12条等に示されているが、大まかに相談、調査・判定、指導、一時保護、市町村への助言に分けることができる。

ⅰ）相談

児童に関するさまざまな相談について、家庭やその他の機関から相談を受ける。また児童虐待（ぎゃくたい）や非行等の場合の通告先でもある。また児童に関する案件が福祉事務所や家庭裁判所等から送られてくる送致もある。相談の受付方法は来所して面接するほか、電話や文書もある。

ⅱ）調査・判定

児童やその家庭に対して必要な調査ならびに医学的、心理学的、教育学的、社会学的、精神保健学的な見地から判定を行っている。精神科医、小児科医は問診や診察等から医学的診断を、児童心理司は心理検査等により心理的診

断を、また一時保護所の児童指導員や保育士は子どもの行動観察や面談を通して行動診断を、また児童福祉司が児童保護者が置かれている家庭環境を調査した上での社会診断をそれぞれ行っている。

　ⅲ）指導

　児童や保護者に対して行われた調査、判定に基づき必要な指導を行っている。指導の内容としては専門的な助言やカウンセリングがあるが、そのケースの状況ごとに行政処分としての措置による指導と、措置によらない指導に分かれる。措置による指導は児童福祉司のほか、児童委員、児童家庭支援センターの職員等も担当することがある。

　ⅳ）一時保護

　児童相談所長もしくは都道府県知事が認める場合は児童を児童相談所に付設されている一時保護所、もしくは児童福祉において深い理解と経験を有する機関・法人等で、一時保護することができる。一時保護の目的は緊急保護（虐待や家出等の理由で緊急に保護しなければいけない場合）、行動観察（適切な援助方針を決定するために保育士児童指導員等が行動を観察する）、短期入所指導（短期間の心理療法やカウンセリング等で治療を行う）等がある。一時保護は原則として児童、保護者の同意を得て行うことが望ましいが、児童の福祉にとってそのまま放置することが好ましくない場合は、親の同意がなくても一時保護ができる。一時保護の期間は原則２カ月以内とされている。

　年間２万人前後の子どもが一時保護されているが、その約７割が養護上の問題を持つ子どもである［厚生統計協会編 2007］。

　ⅴ）市町村への助言

　2004（平成16）年より市町村も相談の窓口として位置付けられたことを受け、都道府県（児童相談所）は市町村に対し、連絡調整や情報の提供、その他必要な援助を行うことになった。市町村が行う相談業務について専門的な知識を要する者に対しては技術援助や助言を行っている。

　②職員

　児童相談所には所長のほか、児童福祉司、児童心理司、医師、児童指導員、

保育士等が配置されている。児童福祉司1人が人口おおむね5〜8万人の地域を担当し、その地域の児童の保護や福祉に関する相談に応じることとされている。それぞれのケースを担当するケースワーカーである。また児童心理司は心理療法、カウンセリング等を行う心理の専門職である。

③相談の内容

児童相談所では多岐にわたる相談を受け付けている。内容別に見ると、保護者の家出や入院等による養育困難になった子どもや虐待を受けている子ども等についての養護相談、未熟児、小児喘息(ぜんそく)等の疾患を抱えた子ども等についての保健相談、身体障がいや知的障がいを持つ子ども等に関する障がい相談、窃盗(せっとう)、家出等の不良行為のある子どもに対する非行相談、家庭でのしつけや、不登校等に関する育成相談が挙げられる。

この中で最も相談件数が多いのは、全体の相談件数の半数を占める障がい相談である。そして近年増加が著しいのは養護相談である。2006（平成18）年度の児童相談所における相談受付件数約38万件のうち7万8000件が養護相談で2001（平成13）年の6万2000件と比べ1万件余りも増えている。

④相談援助の体系・展開

相談援助業務については①で示した通りであるが、おのおのの業務の流れは図2の通りである。そして最終的に図2の※の援助が決定される。児童相談所が対応した件数全体の7割近くは助言指導で占めている。子どもを家庭から離す入所措置は件数全体の5％である。入所措置の約6割は児童虐待等の養護相談となっている［厚生統計協会編2007］。

（2）福祉事務所

福祉事務所は社会福祉法に基づいて設置され、福祉六法に定める業務を行う行政機関である。都道府県、市及び特別区に設置が義務付けられている（町村は任意設置であり、町村に設置がされていない場合は都道府県が管轄する）。2007年4月現在全国で1242カ所あり、身近な福祉の窓口としての役割を果たすものである。

図2　児童相談所における相談援助活動の体系・展開

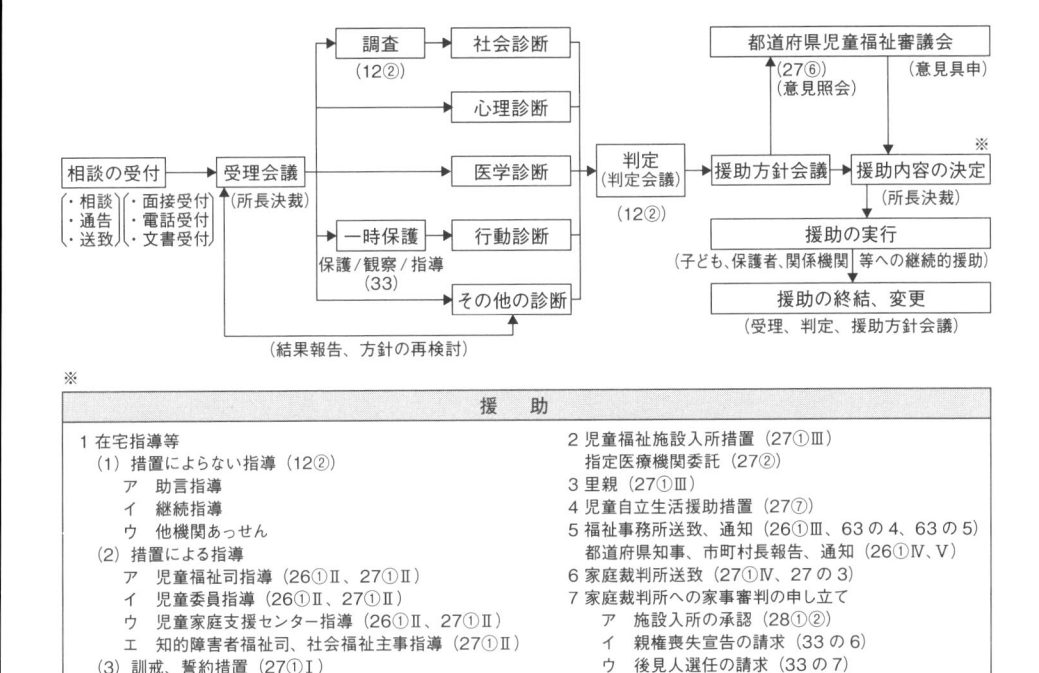

```
                    ┌─→ 調査 ──→ 社会診断
                    │   (12②)
                    │                                都道府県児童福祉審議会
                    │          ─→ 心理診断              (27⑥)        (意見具申)
                    │                                 (意見照会)
 相談の受付 ──→ 受理会議 ─→ 医学診断 ─→ 判定  ─→ 援助方針会議 ─→ 援助内容の決定  ※
 ・相談 ・面接受付    (所長決裁)              (判定会議)                        (所長決裁)
 ・通告 ・電話受付  │                         (12②)              ↓
 ・送致 ・文書受付  │   ─→ 一時保護 ─→ 行動診断                   援助の実行
                    │      保護/観察/指導                  (子ども、保護者、関係機関 等への継続的援助)
                    │         (33)
                    │          ─→ その他の診断            援助の終結、変更
                    │                                    (受理、判定、援助方針会議)
                    └─────(結果報告、方針の再検討)
```

※
援　　助
1 在宅指導等 　(1) 措置によらない指導（12②） 　　ア　助言指導 　　イ　継続指導 　　ウ　他機関あっせん 　(2) 措置による指導 　　ア　児童福祉司指導（26①Ⅱ、27①Ⅱ） 　　イ　児童委員指導（26①Ⅱ、27①Ⅱ） 　　ウ　児童家庭支援センター指導（26①Ⅱ、27①Ⅱ） 　　エ　知的障害者福祉司、社会福祉主事指導（27①Ⅱ） 　(3) 訓戒、誓約措置（27①Ⅰ）	2 児童福祉施設入所措置（27①Ⅲ） 　指定医療機関委託（27②） 3 里親（27①Ⅲ） 4 児童自立生活援助措置（27⑦） 5 福祉事務所送致、通知（26①Ⅲ、63の4、63の5） 　都道府県知事、市町村長報告、通知（26①Ⅳ、Ⅴ） 6 家庭裁判所送致（27①Ⅳ、27の3） 7 家庭裁判所への家事審判の申し立て 　　ア　施設入所の承認（28①②） 　　イ　親権喪失宣告の請求（33の6） 　　ウ　後見人選任の請求（33の7） 　　エ　後見人解任の請求（33の8）

（数字は児童福祉法の該当条項等）

出所：厚生労働省雇用均等・児童家庭局「児童相談所運営指針」(1990年3月5日　児発第133号）をもとに作成

①児童福祉業務

　福祉事務所は、高齢者、障がい者をはじめさまざまな福祉の対象者について業務を行っている。その中で児童福祉に関する業務の主なものを挙げていく。

　1つは住民に身近な福祉の行政機関として相談、調査を行うことである。児童や妊産婦の福祉に関する各般の相談に応じている。ただしその際に専門性を要すると判断したものは児童相談所に送致している。そして応じた相談については必要な調査を行い、個別的な指導、集団的な指導とその事例に合わせ対応している。

次に市町村や都道府県知事からの委任を受けた場合にそれぞれ保育の実施（保育所）、助産、母子保護の実施（助産施設、母子生活支援施設）を行うことである。2000（平成12）年の児童福祉法改正の時に助産、母子保護の事務も保育所と同様に福祉事務所で行うこととなった。

　また福祉事務所の8割近くは「家庭児童相談室」を設置している。これは福祉事務所における児童家庭福祉の相談を充実させるために設けられたものであり、社会福祉主事のほか家庭相談員も配置されている。

　②職員

　所長のほか現業を行う社会福祉主事、その他身体障害者福祉司、知的障害者福祉司、老人福祉指導主事、査察指導員（職員の指導監督を行う）等が置かれている。また多くの福祉事務所には母子家庭の相談業務を行う母子自立支援員も配置されている。

（3）保健所

　保健所は地域保健法に定められた、地域の公衆衛生を担う行政機関であり、児童福祉に関する業務としては母子保健の事業が挙げられる。都道府県、指定都市、中核市、その他政令で定める市及び特別区に設置が義務付けられており、2007年4月現在全国に518カ所設置されている。

　①業務

　児童福祉関係の保健所の業務としては以下のようなものがある。

　ⅰ）衛生知識の普及等の指導

　母親学級等の開催を通して母子に対して正しい衛生知識の普及を図っている。また児童福祉施設に対して栄養の改善や衛生上の問題について必要な助言指導を行っている。

　ⅱ）妊娠届出の受理・母子健康手帳の交付

　妊娠の届出をした者に母子健康手帳を交付する。

　ⅲ）健康診査等

　妊産婦、乳児、幼児の健康相談に応じるとともに健康診査を行い、さらに

必要に応じて母子の健康指導を行っている。

　ⅳ）訪問指導

　新生児は生命維持のために特に重要な保健上の配慮を行う必要があるため保健師等が訪問指導を行っている。また2500ｇ未満の低体重児が生まれた時には必要に応じて医師や保健師が訪問指導を行っている。

　ⅴ）療育の指導等

　身体に障がいのある児童や疾病で療養を要する児童に対し、健康診査や相談、必要な療育の指導を行っている。適当な医療機関の紹介や医療費給付の案内等がその内容である。

②母子保健事業の体制

　1997（平成9）年4月から母子保健法の改正により、母子保健事業について基本的な母子保健サービスは市町村が設置する市町村保健センターで、専門的な母子保健サービスについては保健所が行う体制となった（第11章参照）。つまり先に挙げた業務のうち、児童妊産婦の健康診査や訪問指導は市町村保健センターが行い、未熟児の訪問指導や医療援護の養育医療、小児慢性特定疾患等専門的な対応を求められるものを保健所が行う体制になっている（**表1**）。

表1　母子保健事業の推進体制

	市町村（市町村保健センター）○基本的母子保健サービス	都道府県（保健所）○専門的母子保健サービス
健康診査等	・妊産婦、乳幼児、1歳6カ月児、3歳児の健康診査	・先天性代謝異常検査等
保健指導等	・母子健康手帳の交付 ・婚前学級、母親学級、育児学級等	・不妊専門相談、女性の健康教育等
訪問指導	・妊産婦、新生児訪問指導	・未熟児訪問指導
療養援護等		・未熟児養育医療、小児慢性特定疾患治療研究事業等
医療対策		・周産期・小児医療施設整備等

（技術的援助　←）

出所：厚生労働省編『医療構造改革の目指すもの（厚生労働白書 平成19年度版）』ぎょうせい、2007年、資料編183頁をもとに作成

（4）児童委員・主任児童委員

①児童委員

児童委員は市町村内の一定区域を担当し、区域内の児童や妊産婦の状況把握を行い、必要に応じ援助や指導を行っている。児童福祉法上の機関であるが、地域住民の中から選ばれる民間のボランティアでもある。

職務としては児童相談所の児童福祉司や福祉事務所の社会福祉主事の職務への協力、さらに住民からの虐待等の通告を児童相談所や福祉事務所に仲介する等である。厚生労働大臣の委嘱により任命され、2007年3月現在22万6000人余りが活動中である。また児童委員は民生委員（区域内の高齢者、障がい者等福祉の対象者の状況把握、助言、指導を行う）を兼ねている。

②主任児童委員

児童虐待の増加等家庭機能の低下により児童委員の役割も重要になってきている。民生委員を兼ねているため、児童福祉に関してなかなか児童委員が動けないという状況を受け、一般の児童委員とは別に、区域を担当せず児童福祉だけを専門的に担当する主任児童委員が1994（平成6）年から置かれており、児童委員と協力しながら活動を展開している。2006年現在2万人余りの主任児童委員が配置されている。

4．その他の関連機関・関連施設

（1）児童家庭支援センター

児童家庭支援センターは1997（平成9）年の児童福祉法改正において新設された児童福祉施設で、地域に密着した相談支援を行っている機関である。児童養護施設、乳児院、母子生活支援施設、情緒障害児短期治療施設、児童自立支援施設のいずれかに付置され、これら入所施設の有する24時間対応できる体制や、職員の知識経験を生かした相談機能を生かした活動が期待されている。創設の背景には虐待の増加等家庭機能の低下により児童相談所のみで処理しきれない状況が生まれ、より身近な場所で相談や助言が受けられる場が必要となっ

てきた現状がある。2007年3月末現在、全国66カ所で運営されている。

業務内容は軽易なケースの相談のほか、児童相談所から委託を受けた指導、また児童相談所、福祉事務所をはじめ各関連機関との連絡調整も行っている。

(2) 家庭裁判所

家庭裁判所は家庭問題や少年非行問題を扱う司法機関である。児童福祉に関係する事項として、以下のような業務を行っている。

①父母の離婚時に、子の親権者に関して父母の協議が調わない場合の親権者の指定
②子の利益のために必要があると認められる場合の、親権者の変更または親権喪失宣言
③必要な場合における、未成年後見人の選任または解任
④未成年を養子とする場合の許可
⑤少年非行事件の審判
⑥親権者や後見人の意に反して、都道府県(児童相談所)が児童を児童福祉施設等に措置する場合の承認
⑦児童の行動の自由の制限や強制措置をする場合の決定

第2節　児童福祉の関連制度

児童福祉に関する実際の制度や事業はさまざまな法律、政令、省令等により総合的に展開されている。その内容は幅広く、児童関連の法律は教育、労働、社会福祉等、さまざまな分野での法整備がなされている。その中でも児童福祉に直接関係する法律、児童福祉法(1947〔昭和22〕年)、児童扶養手当法(1961〔昭和36〕年)、特別児童扶養手当等の支給に関する法律(1964〔昭和39〕年)、母子及び寡婦福祉法(1964〔昭和39〕年)、母子保健法(1965〔昭

和40〕年）児童手当法（1971〔昭和46〕年）を、「児童福祉六法」という。

　このうちの３つは児童に関する手当を規定した法律であり、手当制度は児童家庭の経済的支援として重要な位置を占めている。以下児童に関する手当について説明していく。

（１）児童扶養手当法
①支給の対象
　児童扶養手当法は「父と生計を同じくしていない児童が育成される家庭の生活の安定と自立の促進に寄与する」（第１条）ことを目的に制定されている。父と生計を同じくしていない児童とは、(i)父母が婚姻を解消した児童、(ii)父が死亡した児童、(iii)父が政令で定める程度の障害の状態にある児童、(iv)父の生死が明らかでない児童、(v)その他前各号に準ずる状態にある児童で政令で定めるもの、となっており、支給の対象は離婚による母子世帯や、実質的に父が不在である世帯、父親が障がい者等の世帯である。

②概要
　児童扶養手当制度は、1985（昭和60）年の改正で従来の年金を補完していくという役割から、母子生活の安定と自立を図り、児童の健全育成を図るように目的が改正された。その際に所得に応じ手当額が２段階となったがさらに現在は細かく所得額に応じて受給金額が設定されるようになっている。2007年４月現在、二人世帯（母・子ども）の場合収入が130万円未満の場合４万1720円、130万円以上365万円未満の場合は所得に応じて10円刻みで減額、３万1870円まで支給される。また児童が２人の場合は5000円、３人以上の場合は１人あたり3000円が加算されている。

　受給者数は1975年度末の時点では25万人余りであったが、2006年度末には95万人余りとなっており、増加し続けている。受給の理由は９割弱が離婚である。児童扶養手当法の改正により、2008（平成20）年４月から支給開始から５年経過した者については手当を一部減額していく措置が取られるようになったが、障がい等一定の要件がある場合はこれにあたらない。

（２）特別児童扶養手当等の支給に関する法律

①支給の対象

特別児童扶養手当は、当初は重度知的障がい児に支給する制度として開始されたが、1966（昭和41）年には重度身体障がい児まで対象を広げ、現在では精神または身体に障がいを有する20歳未満の者を監護している父や母、もしくはそれに代わる養育者に対し支給されている。

「特別児童扶養手当等の支給に関する法律」では以下の３つの種類の手当を規定している。

②概要

（ⅰ）特別児童扶養手当

障がい児（20歳未満であって、一定の障がいの状態にある者）を監護する父母等に対して支給される。障がいの程度により支給される月額は違っており、１級（重度）に該当する障がい児は１人につき５万750円、２級（中度）に該当する障がい児は１人につき３万3800円である（2007年度）。ただし児童が施設に入所している場合は支給されない。2006年度末の特別児童扶養手当の支給対象となっている児童数は17万人余りであり、1985年度の12万人余りと比べても増加傾向にある。支給対象者の６割が知的障がい児である。

（ⅱ）障害児福祉手当

20歳未満の在宅で生活する重度障がい児（日常生活において常時特別の介護を必要とする者）に対し、その負担の軽減を図るために支給されている。支給額は月額１万4380円（2007年度）で、特別児童扶養手当との併給も可能である。

（ⅲ）特別障害者手当

20歳以上の在宅で生活する重度障がい者（日常生活において常時特別の介護を必要とする者）に対し、その負担の軽減を図るために支給されている。障害基礎年金との併給も可能である。

(3) 児童手当法

①支給の対象

　児童手当法は「児童を養育している者に児童手当を支給することにより、家庭における生活の安定に寄与するとともに、次代の社会をになう児童の健全な育成及び資質の向上に資することを目的とする」(第1条)とされ、子育て中の一般世帯に対し支給されている手当である。

　1971（昭和46）年の制度発足当時は第3子以降の義務教育終了前の児童を対象とし、多子世帯の負担の軽減が目的であったが、その後何度も改正が行われ、現在では一定の所得制限を設けてはいるものの、第1子より支給される。

②概要

　児童が小学6年生を終了するまで支給される。3歳未満の児童には一律月額1万円、3歳以上の児童は第1子、第2子は月額5000円、第3子以降1人につき月額1万円である。ただし2007年度においては前年の所得が574万円（4人世帯の場合）以上である者は支給を受けることができない。ただし、所得制限により児童手当を受けられない被用者等に対しても、その所得が646万円（2007年度）以下であれば全額事業者負担による特例給付（児童手当と同様）が受けられる。

　2006年2月末現在、児童手当の受給者数は748万人（対象児童数960万人）となっている。2005年度の支給総額は6249億円である。

〔参考文献〕

　　改訂・保育士養成講座編纂委員会編『児童福祉』(改訂・保育士養成講座 第2巻) 全国社会福祉協議会、2008年
　　厚生統計協会編『国民の福祉の動向』厚生統計協会、2007年
　　社会福祉の動向編集委員会編『社会福祉の動向〈2008〉』中央法規出版、2008年
　　「新版・社会福祉学習双書」編集委員会編『児童福祉論』(新版・社会福祉学習双書2008-4) 全国社会福祉協議会、2008年
　　ミネルヴァ書房編集部編『社会福祉小六法(2009年版)』ミネルヴァ書房、2009年

第4章

児童福祉施設

千葉 茂明

第1節　児童養護の体系

　児童福祉法では、児童育成の責任について第2条で「国及び地方公共団体は、児童の保護者とともに、児童を心身ともに健やかに育成する責任を負う」と定めている。このことは、児童は第一義的に家庭で育てられることを基本とし、さまざまな理由でそれができない時に、国または地方公共団体が公的責任のもとに児童の養護を行うことを意味している。児童が養護されるとこ

図1　児童養護の体系図

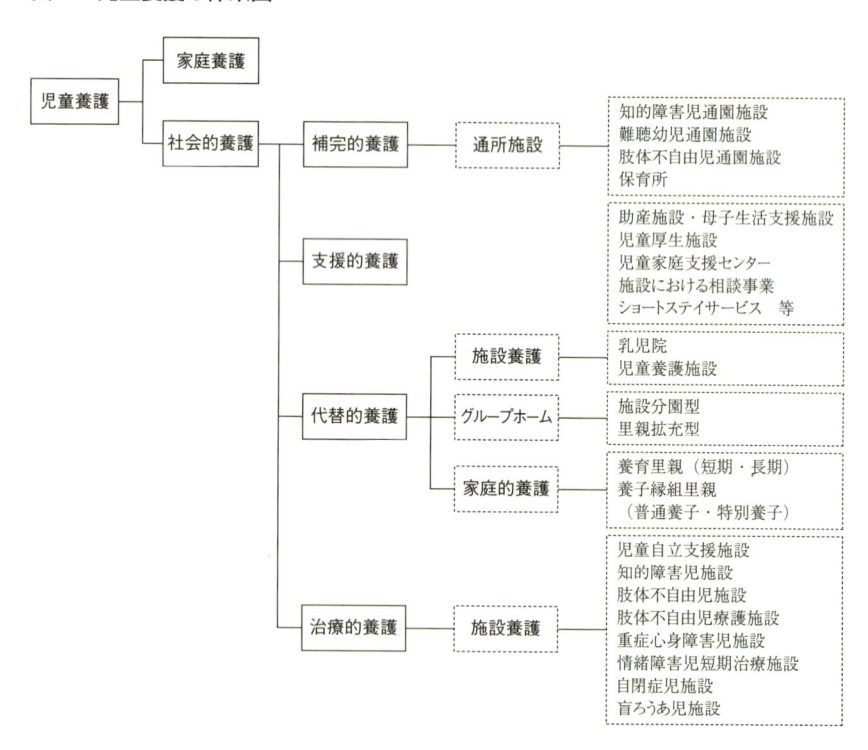

```
児童養護 ─┬─ 家庭養護
          └─ 社会的養護 ─┬─ 補完的養護 ── 通所施設 ── 知的障害児通園施設
                         │                              難聴幼児通園施設
                         │                              肢体不自由児通園施設
                         │                              保育所
                         │
                         ├─ 支援的養護 ────────────── 助産施設・母子生活支援施設
                         │                              児童厚生施設
                         │                              児童家庭支援センター
                         │                              施設における相談事業
                         │                              ショートステイサービス　等
                         │
                         ├─ 代替的養護 ─┬─ 施設養護 ── 乳児院
                         │              │              児童養護施設
                         │              │
                         │              ├─ グループホーム ── 施設分園型
                         │              │                    里親拡充型
                         │              │
                         │              └─ 家庭的養護 ── 養育里親（短期・長期）
                         │                                養子縁組里親
                         │                                （普通養子・特別養子）
                         │
                         └─ 治療的養護 ── 施設養護 ── 児童自立支援施設
                                                        知的障害児施設
                                                        肢体不自由児施設
                                                        肢体不自由児療護施設
                                                        重症心身障害児施設
                                                        情緒障害児短期治療施設
                                                        自閉症児施設
                                                        盲ろうあ児施設
```

出所：［千葉編 2007；143］をもとに作成

表1　児童福祉施設の種類と概要

(2004年10月1日現在)

	施設の種類 （児童福祉法） （最低基準）	施設の目的及び対象者	施設 利用形態	①施設数 ②在所者数 ③入所事務
1	助産施設 法第36条 最基15～18条	保健上必要があるにもかかわらず、経済的理由により、入院助産を受けることができない妊産婦を入所させて、助産を受けさせる。	利用契約施設	①460 ②－ ③福祉事務所
2	乳児院 法第37条 最基19～25条	乳児（保健上、安定した生活環境の確保その他の理由により特に必要のある場合には、幼児を含む。）を入所させて、これを養育し、あわせて退院した者について相談その他の援助を行う。	措置施設	①117 ②2,938 ③児童相談所
3	母子生活支援施設 法第38条 最基26～31条	配偶者のない女子又はこれに準ずる事情にある女子及びその者の監護すべき児童を入所させて、これらの者を保護するとともに、これらの者の自立の促進のためにその生活を支援し、あわせて退所した者について相談その他の援助を行う。	利用契約施設	①285 ②11,608 （世帯人員数） ③福祉事務所
4	保育所 法第39条 最基32～36条	日日保護者の委託を受けて、保育に欠けるその乳児又は幼児を保育する。	利用契約施設	①22,494 ②2,090,374 ③市町村
5	児童養護施設 法第41条 最基41～47条	保護者のない児童（乳児を除く。ただし、安定した生活環境の確保その他の理由により特に必要のある場合には、乳児を含む。）、虐待されている児童その他環境上養護を要する児童を入所させて、これを養護し、あわせて退所した者に対する相談その他の自立のための援助を行う。	措置施設	①556 ②30,597 ③児童相談所
6①	知的障害児施設 法第42条 最基48～54条	知的障害のある児童を入所させて、これを保護し、又は治療するとともに、独立自活に必要な知識技能を与える。	利用契約施設	①258 ②10,346 ③児童相談所
6②	自閉症児施設 法第42条 最基48・49条	自閉症児に対する医療、心理指導及び生活指導を行う。	利用契約施設	①7 ②240 ③児童相談所
7	知的障害児通園施設 法第43条 最基55～59条	知的障害のある児童を日々保護者の下から通わせて、これを保護するとともに、独立自活に必要な知識技能を与える。	利用契約施設	①252 ②8,829 ③児童相談所
8①	盲児施設 法第43条の2 最基60～63条	盲児（強度の弱視児を含む。）を入所させて、これを保護するとともに、独立自活に必要な指導又は援助をする。	利用契約施設	①11 ②138 ③児童相談所
8②	ろうあ児施設 法第43条の2 最基60～63条	ろうあ児（強度の難聴児を含む。）を入所させて、これを保護するとともに、独立自活に必要な指導又は援助をする。	利用契約施設	①14 ②203 ③児童相談所
8③	難聴幼児施設 法第43条の2 最基60・61条	強度の難聴の幼児を保護者の下から通わせて、指導訓練を行う。	利用契約施設	①25 ②748 ③児童相談所
9①	肢体不自由児施設 法第43条の3 最基68～71条	肢体不自由のある児童を治療するとともに、独立自活に必要な知識技能を与える。	利用契約施設	①63 ②3,236 ③児童相談所
9②	肢体不自由児通園施設 法第43条の3 最基68・69条	肢体不自由のある児童を通所によって医療を行うとともに、独立自活に必要な知識技能を与える。	利用契約施設	①98 ②3,047 ③児童相談所
9③	肢体不自由児療護施設 法第43条の3 最基68・69条	病院に収容を要しない肢体不自由のある児童であって、家庭における養育が困難なものを入所させて、これを保護するとともに独立自活に必要な知識技能を与える。	利用契約施設	①6 ②236 ③児童相談所
10	重症心身障害児施設 法第43条の4 最基72・73条	重度の知的障害及び重度の肢体不自由が重複している児童を入所させて、これを保護するとともに、治療及び日常生活の指導をする。	利用契約施設	①108 ②10,326 ③児童相談所
11	情緒障害児短期治療施設 法第43条の5 最基74～78条	軽度の情緒障害を有する児童を、短期間、入所させ、又は保護者の下から通わせて、その情緒障害を治し、あわせて退所した者について相談その他の援助を行う。	措置施設	①25 ②910 ③児童相談所
12	児童自立支援施設 法第44条 最基79～88条	不良行為をなし、又はなすおそれのある児童及び家庭環境その他の環境上の理由により生活指導等を要する児童を入所させ、又は保護者の下から通わせて、個々の児童の状況に応じて必要な指導を行い、その自立を支援し、あわせて退所した者について相談その他の援助を行う。	措置施設	①58 ②1,872 ③児童相談所
13	児童家庭支援センター 法第44条の2 最基88条の2～4	地域の児童の福祉に関する各般の問題につき、児童、母子家庭その他の家庭、地域住民その他からの相談に応じ、必要な助言を行うとともに、都道府県、児童相談所長からの指導措置の委託を受けて、児童や保護者の指導を行い、あわせて児童相談所、児童福祉施設等との連絡調整その他厚生労働省令の定める援助を総合的に行う。	利用型施設	①49
14①	児童厚生施設　児童館 法第40条 最基37～40条	児童に健全な遊びを与えて、その健康を増進し、又は情操をゆたかにする。	利用型施設	①小型2,881 児童センター1,663 大型23 その他126
14②	児童厚生施設　児童遊園 法第40条 最基37～40条	児童に健全な遊びを与え、児童を個別的又は集団的に指導して、その健康を増進し情操をゆたかにするとともに、事故による障害の防止を図る。	利用型施設	①3,827

※「法」：児童福祉法　　「最基」：児童福祉施設最低基準

出所：［千葉編 2007；87-89］をもとに作成

ろは**図1**に示したように、家庭で保護者の責任のもとで行われる家庭養護と、家庭に代わって国と地方公共団体の公的責任のもとで行われる社会的養護に分けられる。この社会的養護を中心的に担ってきたのが児童福祉施設であるが、里親制度もその一端を担っている。社会的養護はその目的、課題によって「補完的養護」「支援的養護」「代替的養護」「治療的養護」の体系に分かれる。

　児童福祉施設は、児童福祉法第７条に14種別を定めている。児童福祉法最低基準では、**表1**に示したように細分化し、全部で20種別に分類されている。そして社会福祉法によっては、第１種社会福祉事業と第２種社会福祉事業に区分される。さらに施設の運営方法によっては、行政機関が権限を持ち行政決定を中心とする措置制度により運営する措置施設、利用者である児童及び保護者が選択する利用契約施設、必要に応じて自由に利用できる利用型施設に分けられる。また、児童福祉施設の目的と役割から区分するものとして、保護、養育を目的として家庭から離れて24時間利用する入所型施設と、日中の一定時間利用する通所型施設に分けられる。入所型施設には、①養育環境に問題のある児童のための施設、②心身に障害がある児童のための施設、③情緒・行動に問題がある児童のための施設に分けられる。また、通所型施設は、①児童の健全育成のための施設、②心身に障害がある児童のための施設等に区分される。

第２節　社会的養護としての児童福祉施設

１．児童の健全育成のための通所型等児童福祉施設

　通所型の児童福祉施設には、児童に健全な遊び場を提供し、健康を推進して豊かな情操を育てることを目的とした児童厚生施設、家庭の養護の欠けるところを補完して乳幼児を保育する保育所、地域の子育て支援として児童家

庭支援センターがある。さらに、障がいを持つ子どもの家庭支援として、知的障害児通園施設、難聴幼児通園施設、肢体不自由児通園施設がある。

（1）児童厚生施設

児童福祉法第40条に「児童に健全な遊びを与えて、その健康を増進し、又は情操をゆたかにすることを目的とする施設」と定められ、児童福祉施設の中でも児童健全育成の第一線の利用型施設である（第8章第2節参照）。児童厚生施設には、児童館と児童遊園とがあり、健全育成活動のほかに、地域社会との連携を図り、母親クラブ、子ども会活動等、子育て支援活動の拠点としても重要な役割を担っている。両施設共に「児童の遊びを指導する者」とされる専門職員として児童厚生員が配置されている（児童遊園は巡回でも可）。児童厚生員は、保育士・教諭の有資格者または大学において心理学、教育学、社会学、芸術学、体育学を専修する学科もしくはこれらに相当する過程を修めて卒業した者等とされている。

①児童館

地域の児童が遊びやスポーツ、文化活動、野外活動等の指導を受けたり、乳幼児の子育てサークル、母親クラブ、子ども会等の組織化と支援等を通して、健康で、豊かな情操を育むことを目的とした施設である。児童館には必ず専門職員として二人以上の児童厚生員を配置している。館内には集会室、図書室、遊戯室を設置している。(i)小型児童館、(ii)児童センター、(iii)大型児童館Ａ型、(iv)大型児童館Ｂ型、(v)大型児童館Ｃ型の5つがある。

②児童遊園

幼児や小学低学年の児童に屋外遊びの場を与えることを目的とし、都市公園法に定める児童公園と共に重要な健全育成の場となっている。児童遊園には広場、ブランコ等の遊具設備やトイレ、水飲み場等が設置されており、児童厚生員が配置または巡回をしている。

（2）保育所
①目的、運営

児童福祉法第39条第1項に「日日保護者の委託を受けて、保育に欠けるその乳児又は幼児を保育することを目的とする」と定められた、利用契約による通所型の児童福祉施設である。保護者の責任のもとに保育されている乳幼児であるが、労働や疾病等の理由により保育に欠ける状況に陥った場合に、保育所で保育を行うことにより社会的に保育の補完をするものである。保育所は、市区町村や都道府県が設置している公立保育園と社会福祉法人等が設置している私立（民間）保育所がある。保育所の利用は、市区町村へ申込書を提出するか、または、利用を希望する保育所に申込書を委託して、保育所が保護者に代わって市区町村への提出を代行することもできる。

②職員

保育士の数は、乳幼児の年齢別に定められ、0歳児は子ども3人あたり1人以上、1歳から2歳は6人あたり1人以上、3歳は20人あたり1人以上、4歳は30人あたり1人以上の保育士を配置しなければならない。保育時間は、1日につき8時間を原則と定めている。

③設備

必要な設備として、乳児室、ほふく室、保育室、遊戯室、医務室、調理室、トイレ、屋外遊技場（付近の公園利用可）の設置を定めている。

（3）児童家庭支援センター
①目的、運営

児童家庭支援センターは、1997（平成9）年の児童福祉法改正の時に、14番目の児童福祉施設として創設された。児童福祉法第44条の2に「地域の児童の福祉に関する各般の問題につき、児童に関する家庭その他からの相談のうち、専門的な知識及び技術を必要とするものに応じ、必要な助言を行うとともに、市町村の求めに応じ、技術的助言その他必要な援助を行うほか、第26条第1項第2号及び第27条第1項第2号の規定による指導（都道府県、児

童相談所長からの指導措置の委託を受けて、児童や保護者の指導を行うこと ＊筆者注）を行い、あわせて児童相談所、児童福祉施設等との連絡調整その他厚生労働省令の定める援助を総合的に行うことを目的とする」と定めた、利用型の児童福祉施設である。特に、児童の福祉に関する相談に応じ、児童相談所の委託を受けて児童及び保護者の指導を行う。また、地域の関係機関との連絡調整等を目的とし、児童相談所の不足を補い、地域福祉の視点から児童養護問題の予防的取り組みやアフターケアーにおける見守り等支援的な活動を行う。

　設置及び運営の主体は、地方公共団体並びに民法第34条（1896〔明治29〕年法律第89号）の規定により設立された法人及び社会福祉法人が行う。児童福祉施設の附置として、乳児院、児童養護施設、情緒障害児短期治療施設、児童自立支援施設、母子生活支援施設に併設して運営され、ソーシャルワーカーと心理療法担当職員を配置している。東京都では、区市町村行政における子育て支援の中核として位置付け、ショートステイ、一時保育等の在宅サービスの提供を含め、児童相談所、保健所等関係機関と連携して、地域の子どもと家庭を総合的に支援していくために自ら運営している。

２．心身に障がいのある児童のための通所型児童福祉施設

（１）知的障害児通園施設

①目的

　児童福祉法第43条に「知的障害のある児童を日々保護者の下から通わせて、これを保護するとともに、独立自活に必要な知識技能を与えることを目的とする」と定められた、知的障がいのある児童が保護者のもとから通園する利用契約による、通所型の児童福祉施設である。

②援護内容、職員

　生活、学習、運動等の指導が行われる。職員は、児童指導員、保育士、栄養士及び調理員等、嘱託医、精神科嘱託医を配置している。

③設備

児童福祉施設最低基準第55条に、指導室、遊戯室、野外遊戯室、医務室、静養室、相談室、調理室、浴室またはシャワー室及び便所の設置を定めている。

（2）難聴幼児通園施設
①目的

児童福祉法最低基準第60条第2項第1号に「強度の難聴の幼児を保護者の下から通わせて指導訓練を行う施設」とあり、全く耳が聞こえないか、少し聞こえても日常生活が困難である幼児を保護者のもとから通わせて指導訓練を行う、利用契約型の児童福祉施設である。

②指導内容、職員

通所による聴能訓練・言語機能訓練及び生活指導が行われている。
職員は、児童指導員、保育士、聴能訓練担当職員、言語機能訓練担当職員、栄養士及び調理員等、嘱託医を配置している。

③設備

児童福祉施設最低基準第60条第2項第2号に、遊戯室、観察室、医務室、聴力検査室、訓練室、相談室、調理室及びトイレの設置を定めている。

（3）肢体不自由児通園施設
①目的

児童福祉法最低基準第68条第2号に「通所による入所者のみを対象とする」と定め、肢体不自由のある児童を治療するとともに、独立自活をするのに必要な知識・技能の修得を目的とした、通所による療育を行う利用契約型の児童福祉施設である。

②療育内容、職員

通所による医学的治療、機能訓練及び生活指導が行われている。医療法に規定する診療所として必要な職員のほか、児童指導員、保育士、看護師及び理学療法士、または作業療法士を配置している。

④設備

児童福祉施設最低基準第68条第2項に、医療法に規定する診療所として必要な設備のほか、訓練室、野外訓練場、相談室及び調理室の設置を定めている。

3．養育環境に問題のある児童のための居住型児童福祉施設

（1）助産施設

①目的

児童福祉法第36条に「保健上必要があるにもかかわらず、経済的理由により、入院助産を受けることができない妊産婦を入所させて、助産を受けさせることを目的とする」と定めた、利用契約による入居型の児童福祉施設である。

②運営

18歳未満の妊婦に限らず、生活保護を受給している世帯や当該年度分の市町村民税が非課税の世帯が利用できる。利用を希望する者は、助産施設入所申請書を福祉事務所長に提出して決定を受けなければならない。

助産施設は第1種と第2種に分けている。第1種は医療法上の病院、第2種は医療法上の助産所である。病院の産科病棟を助産施設として認可している第1種助産施設が多い。

③職員

第2種助産施設の職員は、医療法に規定する職員のほか、1人以上の専任または嘱託の助産師、産婦人科の診療に相当の経験を有する嘱託医の配置を定めている。

（2）乳児院

①目的

児童福祉法第37条に「乳児（保健上、安定した生活環境の確保その他の理由により特に必要のある場合には、幼児を含む。）を入院させて、これを養育し、

あわせて退院した者について相談その他の援助を行うことを目的とする」と定めた、措置制度による入居型の児童福祉施設である。

②対象

児童養護施設の入所理由と同じであるが、乳児の場合は「先天性弱質、下痢及び肺炎」等の医学的考察が必要なことから、児童養護施設と別にしている。対象児童は、保護者がいない、母親の疾病、虐待等保護を必要とする児童で年齢が満1歳未満の乳児が対象であったが、2004（平成16）年の児童福祉法改正において、特に必要がある場合は支援の連続性の視点から幼児を含む年齢超過児童の受け入れが認められた。

③養育内容、職員

乳児の健康な発育を促進し、人格の形成を行う。具体的には、精神発達の観察及び指導、日々の定時的な授乳、食事、おむつ交換、入浴等の発達支援を行う。また、保護者と協力して乳幼児の養育に努めること、さらに計画的な自立支援と親子再統合を重視している。

職員は、小児科医（または嘱託小児科医）、看護師、栄養士、調理員の配置を定めている。また、看護師に代わって児童指導員、保育士の配置ができる。1999（平成11）年から家庭復帰を促進するために家庭支援専門相談員（FSW）、2001（平成13）年に心理療法担当職員、また、2009（平成21）年には被虐待児個別対応職員を配置した。

④設備

昭和20年代の児童福祉法制定当時の乳幼児死亡率の高さから、医療的配慮を重視し、児童福祉法最低基準第19条に「寝室、観察室、診察室、病室、ほふく室、調理室、浴室、便所を設ける」ことが定められている。

（3）児童養護施設

①目的

児童福祉法第41条に「保護者のない児童（乳児を除く。ただし、安定した生活環境の確保その他の理由により特に必要のある場合には、乳児を含む。以下こ

の条において同じ。）、虐待されている児童その他環境上養護を要する児童を入所させて、これを養護し、あわせて退所した者に対する相談その他の自立のための援助を行うことを目的とする」と定めた、措置制度による入居型の児童福祉施設である。1997（平成9）年の児童福祉法改正の時に「養護施設」から現在の「児童養護施設」に名称変更し、目的として「保護」「養育」に「自立」が加えられた。

②対象

対象年齢は、満1歳以上満18歳未満であるが、高校3年生の時に18歳に達することや、満20歳まで在籍が必要となる場合があるので、措置延長をして在籍ができる。また、2004（平成16）年の児童福祉法の改正により、受け入れ条件が整えば支援の連続性の視点から、満1歳未満の乳児を受け入れることができることになった。措置理由としては、①保護者のいない児童、②虐待されている児童、③その他環境上養護を要する児童である。

③養護内容、職員

児童の自主性の尊重、基本的生活習慣の確立、豊かな人間性や社会性の養成、教育支援、進路支援等を行うケアワークと、子どもが抱える問題解決や親子再統合等、計画的に支援を行うケースワークがある。

職員には、児童指導員、保育士、栄養士、調理員、嘱託医等を配置している。1999（平成11）年に心理療法担当職員、2001（平成13）年に被虐待児個別対応職員、2004（平成16）年に家庭支援専門相談員（FSW）と小規模グループケア担当ワーカーを配置した。

④設備

運営主体は、規模、設置主体、経営主体、養護理念によって形態は多様である。子どもたちの生活グループや環境から見て、おおむね大舎、中舎、小舎、グループホームに分けられる。児童福祉施設最低基準第41条に、居室、調理室、浴室、トイレ、児童30人以上の場合は医務室及び静養室の設置を定めている。

（4）母子生活支援施設

①目的

児童福祉法第38条に「配偶者のない女子又はこれに準ずる事情にある女子及びその者の監護すべき児童を入所させて、これらの者を保護するとともに、これらの者の自立の促進のためにその生活を支援し、あわせて退所した者について相談その他の援助を行うことを目的とする」と定めた、入居型の児童福祉施設である。1997（平成9）年の児童福祉法の改正により「母子寮」から「母子生活支援施設」と名称変更になり、児童相談所が入所措置を行っていたのが、母親が福祉事務所に申し込んで利用する利用契約施設になった。

②対象

18歳未満の児童を養育し、配偶者が死別や離婚等の理由による母子家庭や、何らかの事情で離婚の届出ができず母子家庭に準じる状況にある母子等が利用できる。従来は生活困窮者が多かったが、夫の暴力等DV（ドメスティック・ヴァイオレンス　家庭内暴力）被害から避難し保護を必要としている母子が近年増加している。1999（平成11）年から監護すべき子どものいない女性に対しても、その状況によっては一時的に居室を提供できることになった。

③生活指導内容、職員

私生活を尊重しながら、個々の母子の家庭生活及び稼働の状況に応じ、就労、家庭生活及び児童の養育に関する相談及び助言等の支援を行う。また、母子の自立を促進するために、自立支援計画を策定し支援を行っている。

職員は、母子の生活指導を行う母子指導員、嘱託医、少年を指導する職員、調理員が配置している。

④設備

児童福祉施設最低基準第26条に、母子室、集会、学習等を行う室、調理場、浴室及びトイレを設け、母子室は、1世帯につき1室以上と定めている。また、乳幼児を入所させる場合は、付近の保育所の利用か、施設内に保育所に準じる設備の設置を定めている。

4．心身に障がいのある児童のための居住型児童福祉施設

（1）肢体不自由児施設
①目的
児童福祉法第43条の3に「肢体不自由のある児童を治療するとともに、独立自活に必要な知識技能を与えることを目的とする」と定めた、利用契約による入居型の児童福祉施設である。

②対象
肢体不自由があって医学的な治療を必要とする、満18歳未満の児童が対象である。また、必要に応じて満20歳に達するまで在籍ができる。満20歳を超えて特に必要な場合は引き続き在籍ができる。

③養護内容、生活指導、職員
日常生活の支援、基本的生活習慣の指導、情緒的に安定した生活を配慮するとともに、医学的治療、機能訓練にも重点をおいて支援している。

職員は、医療法に規定する診療所として必要な職員のほか、児童指導員、保育士、看護師及び理学療法士、または作業療法士を配置している。

④設備
児童福祉施設最低基準第68条に、医療法に規定する病院として必要な設備のほか、ギブス室、訓練室、屋外訓練場、講堂、図書室、特殊工芸等の作業を指導するのに必要な設備、義肢装具を製作する設備及び浴室の設置を定めている。

（2）肢体不自由児療護施設
①目的
児童福祉法最低基準第68条第3号に「病院に収容することを要しない肢体不自由のある児童であって、家庭における養育が困難なものを入所させる」と定めた、利用契約による入居型の児童福祉施設である。

②対象

病院入院を必要としない18歳未満の肢体不自由の児童で、家庭における養育が困難な場合である。また、必要に応じて満20歳に達するまで在籍ができる。満20歳を超えて特に必要な場合は引き続き在籍ができる。

③養護内容、職員

肢体不自由児施設と同じく、日常生活の支援、基本的生活習慣の指導と情緒的に安定した生活に配慮して支援を行う。また、児童養護施設と同じく親子関係の調整や家族再統合の取組を行う。

職員は、嘱託医、児童指導員、保育士、看護師、栄養士及び調理員を定めている。

④設備

児童福祉施設最低基準第68条第3号に、児童の居室、医務室、静養室、訓練室、屋外訓練場、調理室、浴室及びトイレの設置を定めている。

（3）知的障害児施設

①目的

児童福祉法第42条に「知的障害のある児童を入所させて、これを保護し、又は治療するとともに、独立自活に必要な知識技能を与えることを目的とする」と定めた、満18歳未満の知的障がいのある児童のための、利用契約による入居型の児童福祉施設である。2005（平成17）年に「障害者自立支援法」が成立したことにより、身体障がい・知的障がい・精神障がいの3障がいの一元化及び障がい児・者の一元化を図って福祉サービスを実施している。

②対象

法令上の規定はないが、「知的機能の障害が発達期（おおむね18歳まで）に現れ、日常生活に支障を生じているために、何らかの特別な援助を必要とする状態にあるもの」としている。知的障害者福祉法に規定している療育手帳は、障がいの程度を、医学判定、心理判定、調査結果の総合的な判断で決めることを定めている。一般的に知能指数（IQ）はおおむね70以下で、日常生

活能力に対する支障の有無により児童相談所で判定された児童である。児童福祉法で定めている対象年齢は18歳未満であるが、必要に応じて満20歳に達するまで在籍できる。また、その障がいの程度が重度で、継続して入所しなければその者の福祉を損なう場合は、満20歳に達した後も在籍を延長できる。

③養護内容、職員

利用する児童は、家庭から離れて1年中施設で生活し、衣食住の基本的な日常生活の支援、安心、安定した生活保障、また、家庭から離れることや障がいによって生じる情緒不安への対応を行う。特に、障がいを超えて自立生活の能力を高め、生活の幅を広げ、質を高める支援が個々の特性や障がいの程度、発達の状況に応じて行われている。

職員は、児童指導員、保育士、栄養士、調理員で、嘱託医は精神科の診療に相当の経験を有する者と限定している。

④設備

児童福祉施設最低基準第48条に、児童養護施設と同じく、居室、調理室、浴室、トイレを設けることを定め、1人あたりの居室の占有面積も同じである。ただし、静養室は必ず設けることになっている。

(4) 自閉症児施設

①目的

児童福祉施設最低基準第48条第2号に「自閉症を主たる症状とする児童であって、病院に収容することを要するものを入所させる」と規定した病院型施設を第1種自閉症児施設に、第3項に「自閉症を主たる症状とする児童であって、病院に収容することを要しないもの」と規定した知的障害児施設に入所する福祉型施設を第2種自閉症児施設としている。

②対象

第1種自閉症児施設の対象児童は、満18歳未満の児童でパニック状態が頻発して、常時医学的ケアが必要な状態の自閉症児と規定しており、第2種自閉症児施設の対象児童は、第1種自閉症児施設以外の自閉症児である。

③養護内容、職員

　家庭から離れて1年中施設で生活するため、衣食住の基本的な日常生活の支援、安心、安定した生活保障、また、家庭から離れることや障がいによって生じる情緒不安への対応を行う。第1種自閉症児施設の職員は、医療法に規定した病院として必要な職員のほか、児童指導員、保育士を配置することを定めている。第2種自閉症児施設の職員は、知的障害児施設に配置している職員に準じ、児童指導員、保育士、栄養士、調理員、精神科の診療に相当の経験を有する嘱託医のほか、医師及び看護師を配置しなければならない。

　④設備

　第1種自閉症児施設は、医療法に規定する病院として必要な設備のほか、観察室、静養室、訓練室及び浴室を設けること。第2種自閉症児施設は、居室、調理室、浴室、トイレのほか、医務室と静養室を必ず設けることになっている。

（5）重症心身障害児施設

①目的

　児童福祉法第43条の4に「重度の知的障害及び重度の肢体不自由が重複している児童を入所させて、これを保護するとともに、治療及び日常生活の指導をすることを目的とする」と定めた、利用契約による入居型の児童福祉施設である。また、障害者自立支援法による福祉サービスが実施されている。

②対象

　複数の重度障がいがある児童（者）で、療育期間が長期にわたる場合、また18歳以上の重症心身障害児施設がなく、満18歳を超えて在籍が必要な重度障がいの児童（者）に対して、児童福祉法第63条の3に、年齢を限定しないで継続できることを定めている。

③養護内容、職員

　重症心身障がい児は、ある程度の活動ができる児童や寝たきりの児童等さまざまなので、養護内容は個々に対応が違う。基本的には医療や看護による

健康管理や治療が中心となる。

職員は、医療法に規定する病院として必要な職員のほか、児童指導員、保育士、心理担当する職員及び理学療法士または作業療法士と定めている。施設の長及び医師は、内科、精神科、神経科、小児科、外科、整形外科またはリハビリテーション科の診療に相当の経験を有する医師と定めている。

④設備

医療法に規定する病院として必要な設備のほか、観察室、訓練室、看護師詰所及び浴室の設置を定めている。

（6）盲ろうあ児施設

①目的

児童福祉法第43条の2に「盲児（強度の弱視児を含む。）又はろうあ児（強度の難聴児を含む。）を入所させて、これを保護するとともに、独立自活に必要な指導又は援助をすることを目的とする」と定めた、利用契約による入居型の児童福祉施設である。児童福祉法は盲ろうあ児施設と規定しているが、児童福祉施設最低基準は、盲児施設とろうあ児施設に分けて規定している（第60条）。

②対象

盲児施設は強度の弱視児を含む視覚障がいのある児童、ろうあ児施設は強度の難聴を含む聴覚障がいのある児童が対象である。家庭から盲学校やろう学校に通う児童が増えており、施設入所者が減っている。最近は、家庭養護に欠ける視覚障がいのある児童、聴覚障がいのある児童、あるいは聴覚障がいと知的障がいの重複障がいを持つ児童の利用が多い。

③養護内容、職員

利用する児童は、家庭から離れて施設で生活するため、衣食住の基本的な日常生活の支援と安心、安定した生活保障、また、家庭から離れることや障がいによって生じる情緒不安への対応を行う。利用している児童のほとんどが学齢期のため、日中は学校に通学しており教育支援や社会適応能力を高め

ていく支援が大切である。

職員は、眼科または耳鼻咽喉科の診療に相当の経験がある嘱託医、児童指導員、保育士、栄養士、調理員及び必要に応じて職業指導員を配置している。

④設備

児童福祉施設最低基準第60条第1項に、盲児施設の設備として、児童の居室、講堂、遊戯室、訓練室、職業指導に必要な設備、音楽に関する設備、調理室、浴室及びトイレの設置を定めている。30人以上の盲児施設は、医務室、静養室を設けなければならない。第2項に、ろうあ児施設の設備として、児童の居室、講堂、遊戯室、訓練室、職業指導に必要な設備、映写に関する設備、調理室、浴室及びトイレの設置を定めている。

5．情緒・行動に問題がある児童のための居住型児童福祉施設

(1) 情緒障害児短期治療施設

①目的

児童福祉法第43条の5に「軽度の情緒障害を有する児童を、短期間、入所させ、又は保護者の下から通わせて、その情緒障害を治し、あわせて退所した者について相談その他の援助を行うことを目的とする」と定めた、措置制度による入居型の児童福祉施設である。

②対象

心理・情緒的、環境的に不適応を示している児童とその家族への支援、特に、不登校、引きこもり等の非社会的問題行動、反抗、乱暴、盗み等の反社会的問題行動、チック、摂食障害等の神経症的習癖、家庭内暴力や浮浪徘徊等の問題行動を起こしている児童である。

③入所治療、生活指導、職員

心理療法及び生活指導は、児童の社会適応能力の回復を図り、児童が施設を退所しても健全な社会生活が行えるように支援する。施設での生活活動のすべてが治療と考える「総合環境治療法」に立ち、生活治療、医学・心理療

法、家族治療、学校教育支援を地域の関係機関と連携して行われている。

職員は、精神科または小児科の診療に相当の経験を持ち、かつ児童精神医学に関し学識を有する医師、心理療法を担当する職員として大学の学部で心理学を修めた学士以上で、個人及び集団心理療法の技術を有し1年以上の心理療法の経験のある者、さらに児童指導員、保育士、看護師、栄養士及び調理員を置くことを定めている。

④設備

児童福祉施設最低基準第74条に、児童の居室、医務室、静養室、遊戯室、観察室、心理検査室、相談室、工作室、調理室、浴室及びトイレの設置を定めている。全国25カ所、910人の子どもが利用している（2004年10月現在）。

⑤人員配置

医師、心理療法担当職員（10人あたり1人以上）、児童指導員・保育士（人あたり1人以上）、看護師、栄養士及び調理員が配置されている。また、家庭復帰を目指す家庭支援専門相談員、被虐待児個別対応職員が配置できる。

⑥機能

総合環境療法の立場から施設全体が治療の場と捉え、施設内で行うすべての活動が治療であると捉えて支援が行われている。

（2）児童自立支援施設

①目的

児童福祉法第44条に「不良行為をなし、又はなすおそれのある児童及び家庭環境その他の環境上の理由により生活指導等を要する児童を入所させ、又は保護者の下から通わせて、個々の児童の状況に応じて必要な指導を行い、その自立を支援し、あわせて退所した者について相談その他の援助を行うことを目的とする」と定めた、措置制度による入居型の児童福祉施設である。

②対象

反社会的、反倫理的な不良行為をした児童またはするおそれのある児童、親が長期に育児を放棄したために基本的生活習慣を身につけていない、さら

に自立意欲がない、また学力不足や対人関係が作れない等、家庭環境上の起因により生活指導等を要する児童である。

③養護内容、職員

生活指導、学習指導、作業指導を中心に援助が行われる。暮らしの教育として、寮舎における生活を通して規則正しい生活を身につける指導をしたり、不適切行動の是正指導を行ったりする。また、学校教育法による学習指導要領を準用した学習支援、児童個々の学力のばらつきに応じた個別学習指導を重視している。また児童の達成感や自信を持たせ協調性を育むことを目的に作業指導が行われている。

職員は、児童自立支援専門員・児童生活支援員、嘱託医、精神科系の医師、栄養士、調理員の配置を定めている。

④設備

児童の居室（男女は別にする）、調理室、浴室、トイレ、児童30人以上の場合は医務室及び静養室を設けること、学科指導を行う場合は、小学校、中学校または特別支援学校の設備は、設置基準に関する学校教育法の規定を準用することを定めている。

〔参考文献〕

改訂・保母養成講座編纂委員会編『養護原理（改訂・保母養成講座第8巻）』（改訂4版）全国社会福祉協議会、2009年

社会福祉法令研究会編集（厚生省社会・援護局、老人保健福祉局、児童家庭局監修）『注解社会福祉六法』第一法規、1974年

小六法編集委員会編『福祉小六法』みらい、2009年

千葉茂明編『エッセンシャル児童福祉論』みらい、2007年

松原康雄、山縣文治編著『児童福祉論（社会福祉士養成テキストブック8）』ミネルヴァ書房、2001年

第5章

少子化対策

小櫃 智子

第1節　少子化の状況

1．少子化の進行

　現在、わが国においては急速に少子化が進行している。**図1**は日本の出生数（生まれた子どもの数）と合計特殊出生率（1人の女性が一生の間に産む子どもの数）の年次推移を表したものである。

　ベビーブームとは、赤ちゃんの出生が一時的に急増することをいうが、日本では第2次世界大戦後2回のベビーブームがあった。1回目のベビーブームは戦後すぐ、1947（昭和22）〜49年であった。この第1次ベビーブームには年間に約270万人の赤ちゃんが生まれた。この時期に生まれた人を「団塊の世代」と呼んでいる。第2次ベビーブームはこの「団塊の世代」の子どもたちの誕生であり、1971（昭和46）〜74年がこの時期にあたる。出生数は約210万人であった。この人たちは「団塊ジュニア」と呼ばれる。その後、日本の出生数は1980年代にかけて急速に減少し、90年代に入ってからも増加と減少を繰り返しながら緩やかな減少傾向が続いている。2005年の出生数は約106万人、過去最低を記録した。日本の出生数は、第2次ベビーブームのピークにあたる1973年に比べ、約半分にまで減少している状況にある。

　合計特殊出生率を見ても減少傾向は同様である。第1次ベビーブーム期には4.32あった合計特殊出生率が第2次ベビーブーム期には2.14にまで減少している。その後も減少が続き1975年には2.0台を下回り、2005年には1.26の過去最低を記録した。2006年には1.32、2007年には1.34にまで増加したが、人口置換水準を大きく下回るものであり少子化が解消されたとはいえない状況にある。人口置換水準とは、全体人口規模を維持するために必要な合計特殊出生率の水準のことであり、合計特殊出生率がこれを下回ると人口が減少することになる。人口学では合計特殊出生率がこの人口置換水準に達しない

図1　出生数と合計特殊出生率の年次推移

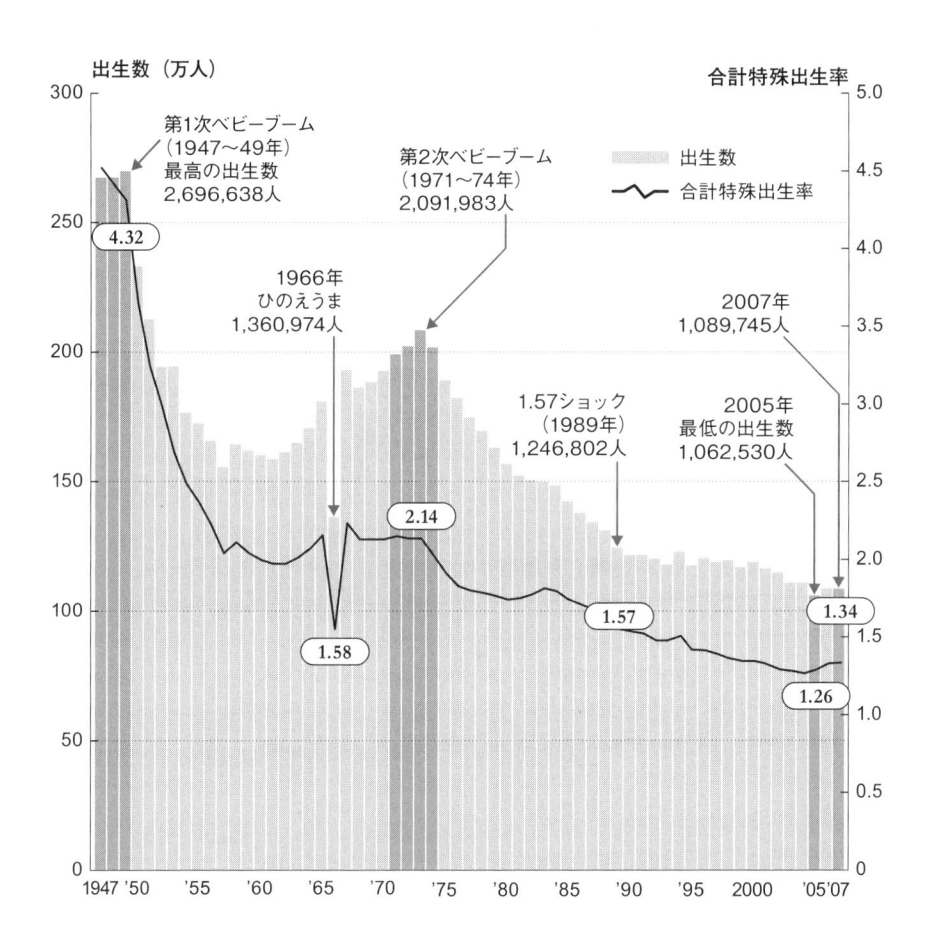

出生数（万人）　　　　　　　　　　　　　　　　　　　　　　　合計特殊出生率

- 第1次ベビーブーム（1947〜49年）最高の出生数 2,696,638人
- 4.32
- 1966年 ひのえうま 1,360,974人
- 第2次ベビーブーム（1971〜74年）2,091,983人
- 2.14
- 1.58
- 1.57ショック（1989年）1,246,802人
- 1.57
- 2007年 1,089,745人
- 2005年 最低の出生数 1,062,530人
- 1.34
- 1.26

出所：[内閣府2008] をもとに作成

状況を「少子化」と定義している。近年の日本の人口置換水準は2.07〜2.08といわれているので、合計特殊出生率が増加に転じてはいてもこの水準よりもはるかに低い状況にあることに注目する必要がある。

2．少子化の要因

日本はなぜ少子化が進行しているのであろうか。少子化の直接的な要因は、子どもの生み方の変化である。そして子どもの生み方の変化には、結婚の仕方が大きく影響している。

日本の平均初婚年齢は1947年においては夫が26.1歳、妻が22.9歳であったが、2007年には夫が30.1歳、妻が28.3歳にまで上昇している。**図2**は初婚の妻の年齢別婚姻件数の割合を表したものである。これを見ても20年の間にピークとなっている年齢が上昇し、山がなだらかになっていることがわかる。このように日本では晩婚化が進み、このことが子どもを生む年齢に影響を及ぼしている。**図3**は第1子出産時の母親の平均年齢の推移を示したものである。1975年頃までは25歳代で推移しているが、その後上昇を続け2006年には

図2　初婚の妻の年齢（各歳）別婚姻件数の割合

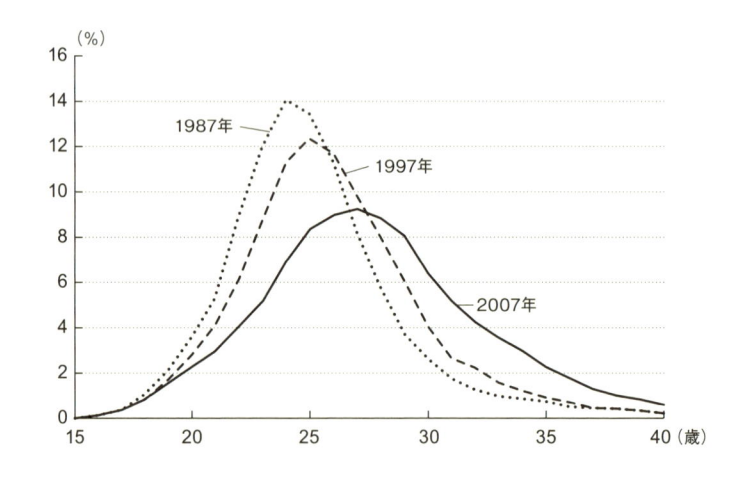

※各届出年に結婚生活に入ったもの（同年同居。届け出の前年以前に結婚生活に入ったものは含まれない）。
出所：厚生労働省「平成19年　人口動態統計月報年計（概数）の概況」をもとに作成

図3 第1子出産時の母親の平均年齢の推移

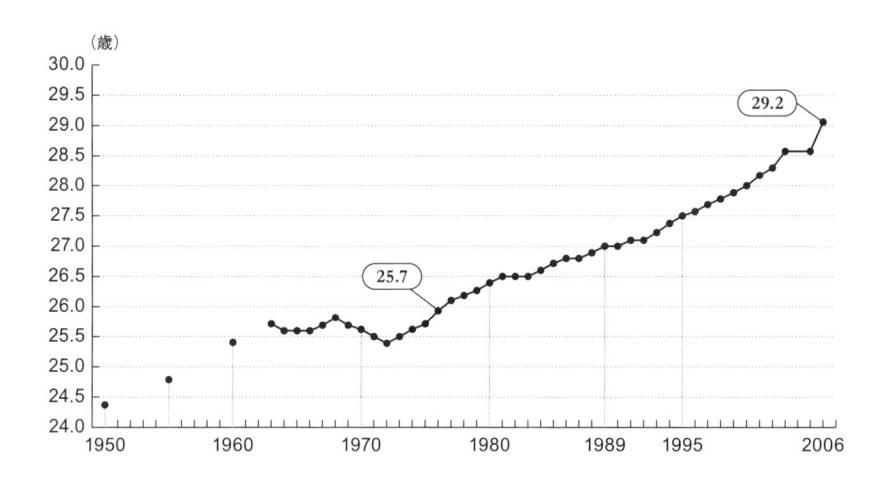

出所：[内閣府2008] をもとに作成

図4 年齢別未婚率の推移

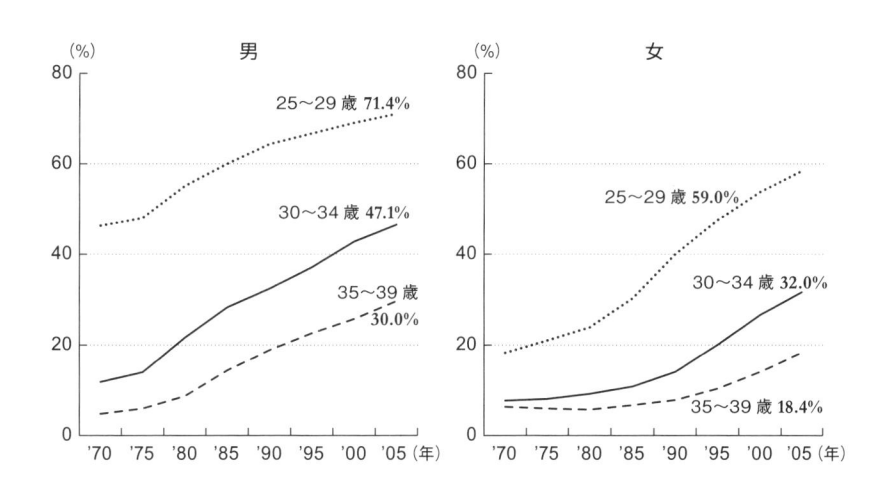

出所：[内閣府2006] をもとに作成

図5　独身女性が独身者にとどまっている理由

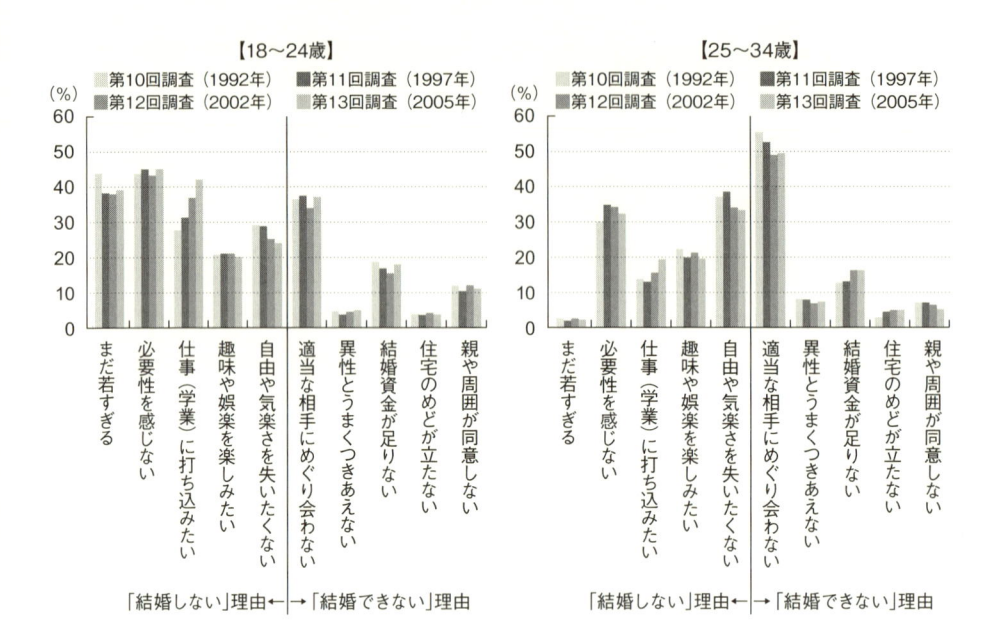

【18〜24歳】
- 第10回調査（1992年）
- 第11回調査（1997年）
- 第12回調査（2002年）
- 第13回調査（2005年）

【25〜34歳】
- 第10回調査（1992年）
- 第11回調査（1997年）
- 第12回調査（2002年）
- 第13回調査（2005年）

横軸項目：まだ若すぎる／必要性を感じない／仕事（学業）に打ち込みたい／趣味や娯楽を楽しみたい／自由や気楽さを失いたくない／適当な相手にめぐり会わない／異性とうまくつきあえない／結婚資金が足りない／住宅のめどが立たない／親や周囲が同意しない

「結婚しない」理由 ← → 「結婚できない」理由

出所：国立社会保障・人口問題研究所『第13回出生動向基本調査——結婚と出産に関する全国調査——独身者調査』国立社会保障・人口問題研究所、2005年をもとに作成

29.2歳までに上昇している。こうした晩婚化、晩産化の状況が少子化に大きな影響を与えていると考えられる。

　また、晩婚化とともに未婚化も進んでいる。**図4**は年齢別未婚率の推移を示している。1970年代以降、男女各年齢層において未婚率が急速に上昇している。2005年には、30代前半でも男性が約50％、女性が約30％である。20代後半の女性においては約60％が未婚である。生涯未婚率といわれる50歳時の未婚率も、2005年には男性が15.4％、女性が6.8であり、増加傾向にある。子どもは結婚してから生まれる場合が大半の日本においては、こうした未婚化の状況が少子化に大きな影響を与えているのである。

晩婚化や未婚化の背景には、社会的、意識的な要因が影響していると考えられる。1980年代以降、働く女性が増大する一方、仕事と子育てを両立する環境が十分に整っていないことが晩婚化や未婚化の大きな要因として指摘されている。また、女性が社会進出する中で、結婚に対する意識を変化させたことも大きな要因であろう。以前は「適齢期」という言葉が使われていたようにある時期までには結婚したいという社会規範的な意識が強かったが、近年では結婚は当然のことではなく人生の選択肢の１つであるという個人的な理由に基づくものへと変化してきているという。**図5**は年齢別に見た独身者にとどまっている理由である。結婚しない理由として、18歳から24歳までの女性においては「必要性を感じない」が最も多く45％、次いで「仕事に打ち込みたい」が42％となっている。「仕事に打ち込みたい」と考える女性は年々増加傾向にあるのである。

3．少子化による影響

　少子化が進行すると日本はどうなるのであろうか。少子化が進行すると、まず人口が減少すると考えられる。人口の減少はすでに2005年から始まっている。そして、この人口減少は世界的にも例のないスピードで進むことが予想されている。**図6**（次頁）は日本の将来推計人口であり、将来の出生、死亡及び国際人口移動について一定の仮定を設け、これに基づいて将来の人口規模や人口構造の推移を推計したものである。それによると、2004年には１億2779万人あった人口が、50年後の2055年には8993万人にまで減少すると推計されている。また、人口減少だけでなく人口構造の変化にも注目する必要がある。生産年齢人口といわれる15～64歳の人口の割合は年々減少を続け、2055年には51.1％と推計されている。一方、65歳以上の人口割合は2055年には40.5％にまで増加すると推計されている。こうした状況の中で、労働人口の減少による経済への影響や、高齢化が進行することによる年金、医療、介護等の社会保障費の増加が懸念されているのである。

図6　日本の将来推計人口

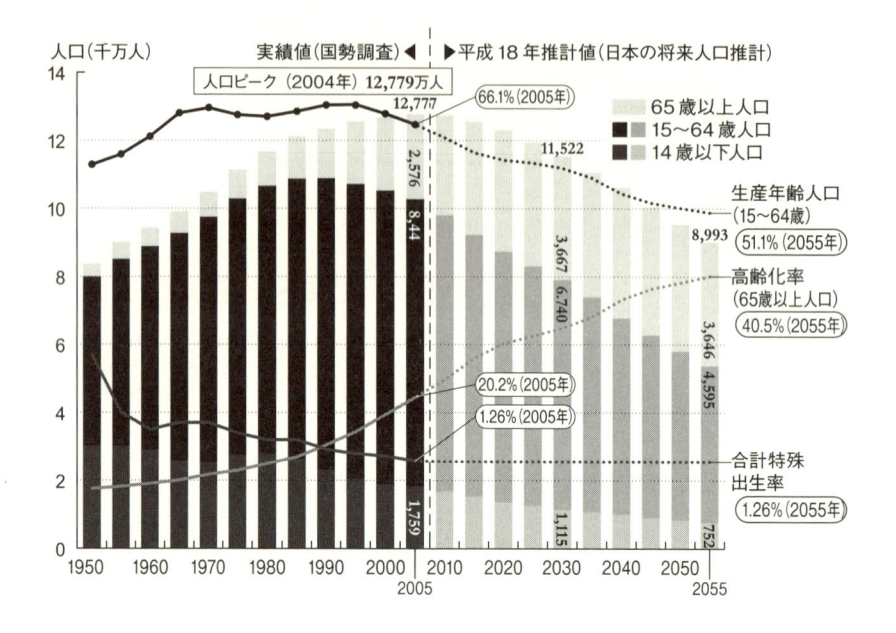

出所：第10回社会保障審議会人口部会2006年12月20日参考資料「将来推計人口（平成18年推計）の概要」をもとに作成

第2節　少子化対策の取り組み

1．少子化対策の始まり

　日本政府が本格的に少子化対策に踏み出したのは、「1.57ショック」が契機であった。1990年、合計特殊出生率が1.57までに減少したことを受け、政府は少子化問題を改めて認識し対策を講じる必要性を唱えた。
　日本の少子化対策は、1994（平成6）年のエンゼルプランに始まり、現在

表1　少子化対策の経緯

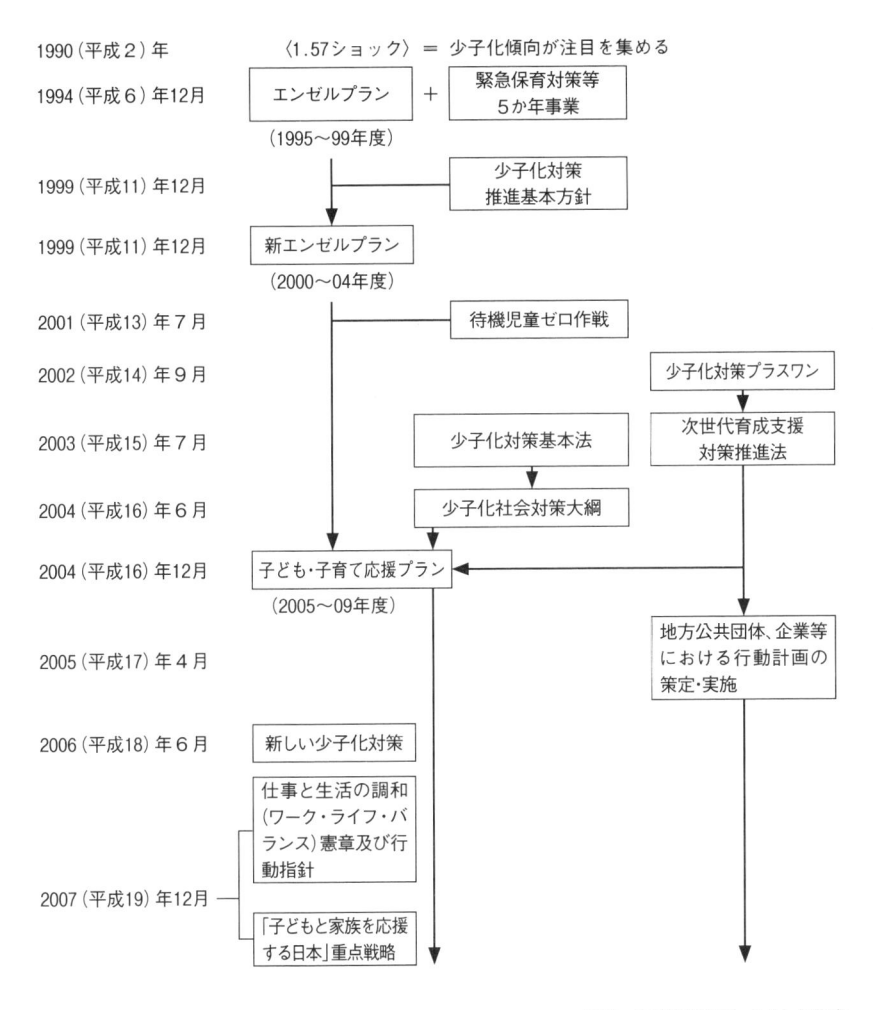

年月	
1990（平成2）年	〈1.57ショック〉＝ 少子化傾向が注目を集める
1994（平成6）年12月	エンゼルプラン（1995〜99年度） ＋ 緊急保育対策等5か年事業
1999（平成11）年12月	少子化対策推進基本方針
1999（平成11）年12月	新エンゼルプラン（2000〜04年度）
2001（平成13）年7月	待機児童ゼロ作戦
2002（平成14）年9月	少子化対策プラスワン
2003（平成15）年7月	少子化対策基本法／次世代育成支援対策推進法
2004（平成16）年6月	少子化社会対策大綱
2004（平成16）年12月	子ども・子育て応援プラン（2005〜09年度）
2005（平成17）年4月	地方公共団体、企業等における行動計画の策定・実施
2006（平成18）年6月	新しい少子化対策
2007（平成19）年12月	仕事と生活の調和（ワーク・ライフ・バランス）憲章及び行動指針／「子どもと家族を応援する日本」重点戦略

出所：[内閣府 2008]をもとに作成

に至るまでさまざまな取り組みが行われてきた。これまでの日本における少子化対策の経緯は**表1**に示すとおりである。

2．エンゼルプラン

　最初の少子化対策は1994（平成6）年、文部省・厚生省・労働省・建設省（当時）の4大臣合意による「今後の子育て支援のための施策の基本的方向について」（エンゼルプラン）であった。ここでは基本的方向として、「子育てと仕事の両立支援の推進」「家庭における子育て支援」「子育てのための住宅及び生活環境の整備」「ゆとりのある教育の実現と健全育成の推進」「子育てコストの軽減」が示された。
　エンゼルプランを具体的に実施するために策定されたのが「緊急保育対策等5カ年事業」である。「緊急保育対策等5カ年事業」では、保育所の量的拡大や低年齢児保育、延長保育等の多様な保育サービスを中心に、地域子育て支援センターの整備等が1999（平成11）年までの間に進められることとなった。

3．新エンゼルプラン

　1999（平成11）年には、エンゼルプランと「緊急保育対策等5カ年事業」の見直しが図られた。この見直しによって「少子化対策推進基本方針」が示され、これに基づく重点施策の具体的実施計画として大蔵省・文部省・厚生省・労働省・建設省・自治省（当時）の6大臣合意による「重点的に推進すべき少子化対策の具体的実施計画について」（新エンゼルプラン）が策定された。エンゼルプランでは保育サービスの充実を中心に進められたが、新エンゼルプランではさらに雇用、母子保健、相談、教育等の事業も加えられ、2000（平成12）〜04年の5年間に進められることとなった。
　こうした中で、2001（平成13）年には「仕事と子育ての両立支援策の方針について」が閣議決定され、「待機児童ゼロ作戦」も同時に進められていくことになった。「待機児童ゼロ作戦」では、保育所、保育ママ、幼稚園預かり保育等を活用し、2002年度中に5万人、2004年度までに10万人の受け入れ児童数を増加させ、待機児童の解消が目指された。また、この間、保育所定

員の弾力化や保育所の認可要件の規制緩和が図られた。

　さらに、2002（平成14）年には厚生労働省により「少子化対策プラスワン」が示された。従来の取り組みが子育てと仕事の両立支援に偏（かたよ）り、保育に関する施策が中心であったことを踏まえ、「少子化対策プラスワン」ではより全体としてのバランスを考えた取り組みが必要であるとされた。子育てと仕事の両立支援に加え、「男性を含めた働き方の見直し」「地域における子育て支援」「社会保障における次世代支援」「子どもの社会性の向上や自立の促進」がその柱として示され、社会全体が一体となって総合的に取り組みを進めていくこととなった。

　こうした「少子化対策プラスワン」を踏まえて、少子化対策推進関係閣僚会議では「次世代育成支援に関する当面の取組方針」が決定された。ここでは基本的な考え方として、家庭や地域の子育て力の低下に対応して次世代を担う子どもを育成する家庭を社会全体で支援することにより子どもが心身共に健やかに育つための環境を整備することが掲げられた。2003（平成15）年、この方針に基づいて制定されたのが「次世代育成支援対策推進法」である。これは、地方自治体や事業主が次世代育成支援のための取り組みを促進していくことをねらいとしており、国の指針に基づいて各地方自治体及び事業主が「行動計画」として策定することが義務付けられた。

4．子ども・子育て応援プラン

　2003（平成15）年に議員立法により「少子化社会対策基本法」が制定された。そしてこれに基づき少子化社会対策会議が設置され、少子化に総合的、長期的に対処するための施策の指針として「少子化社会対策大綱」が閣議決定された。

　「少子化社会対策大綱」では少子化の流れを変えるための施策に国をあげて取り組むべきとし、「自立への希望と力」「不安と障壁の除去」「子育ての新たな支え合いと連携――家族のきずなと地域のきずな」を視点とし、「若者の自立とたくましい子どもの育ち」「仕事と家庭の両立支援と働き方の見

直し」「生命の大切さ、家庭の役割等についての理解」「子育ての新たな支え合いと連帯」の4点を重点課題として挙げている。さらにこの課題に取り組むために28の行動が示されている。

　これを受けて2004（平成16）年には具体的に実施していくための計画として「子ども・子育て応援プラン」が示された。「子ども・子育て応援プラン」の決定については、1994年（平成6）年に策定されたエンゼルプランの実施が始まった1995（平成7）年以来、10年間に及ぶ少子化対策により、保育所の充実等を中心に展開してきたが少子化に歯止めがかからない理由として「男性の育児参加のための労働環境が不十分」「地域によっては保育所や子育て支援センターが不足」「若者の雇用・労働状況の問題」が挙げられ重視された。これらを踏まえ、「少子化社会対策網」の4つの重点課題に沿って、国が地方自治体や企業等と共に計画的に取り組む必要のある具体的な施策内容と具体目標が掲げられた。

5．新しい少子化対策

　こうした多くの少子化対策が実施されてきたが、2005年の出生数は約106万人、合計特殊出生率は1.26、どちらも過去最低を記録した。こうした状況を踏まえ、少子化対策の抜本的な拡充、強化、転換を図るため、2006（平成18）年少子化対策会議において「新しい少子化対策」が決定された。

　「新しい少子化対策」では、「社会全体の意識改革」「子どもと家庭を大切にするという視点にたった施策の拡充」の2点を重視し、40項目の具体的な施策を掲げている。特にこの少子化対策で特徴的なことは、子どもの成長に応じた子育て支援策が20項目挙げられ、すべての子育ての家庭を支援するという観点から子育て支援策が強化されている点にある。また、家族、地域のきずなの再生や社会全体の意識改革のための国民運動が強調されていることも特徴である。

6.「子どもと家族を応援する日本」重点戦略

　2006（平成18）年に示された将来人口推計では、日本は今後人口減少が続くとともに少子化、高齢化が一層進行していくという厳しい見通しが明らかになった。このような状況を踏まえ、2007（平成19）年少子化社会対策会議において「子どもと家族を応援する日本」重点戦略の策定方針が決定された。

　この重点戦略では、働き方の見直しによる「仕事と生活の調和（ワーク・ライフ・バランス）」の実現と就労と子育ての両立、家庭における子育てを包括的に支援する枠組みの構築という2つの取り組みが重視されている。

第3節　子育て支援

1. 保育サービス

　前節で見てきたように少子化対策は1994（平成6）年のエンゼルプランから始まり現在に至るまでさまざまな観点からその具体策が講じられ、子育て支援が実施されてきた。これまでに実施されている子育て支援としては、まず子育てと仕事の両立を支援するための保育サービスが挙げられる。具体的には、保育所の量的拡大、低年齢児保育、延長保育、夜間保育、休日保育、病児・病後児保育、保育ママ等、保育サービスの充実が図られている。

　また、仕事を持つ親の支援だけでなく、在宅子育て家庭への保育サービス支援として一時保育の推進も図られている。一時保育では、専業主婦を含め、保護者の育児疲れや急病、冠婚葬祭等一時的に保育が必要な場合に対応するものである。しかし、現実はその数が足りないことや利用申し込みの煩雑さから十分に機能していないことが指摘されている。こうした状況を踏まえ、2007（平成19）年度から厚生労働省パイロット事業として一時預かり事業が

開始された。一時預かり事業は、理由を問わず気軽に短時間から子どもを預けることのできる保育サービスで、在宅で子育てする家庭も利用しやすく孤立感を深めやすい専業主婦への支援として注目されているものである。

2．地域子育て支援

次に、地域子育て支援が挙げられる。地域子育て支援センターの整備等はエンゼルプランの時から実施されてきたが、2006（平成18）年に示された「新しい少子化対策」においてすべての子育て家庭を支援することが掲げられ、地域における子育て支援がさらに強化された。近年、少子化や核家族といった状況の中で、育児力の低下、育児不安の増大等が懸念されている。特に在宅子育て家庭においては子育てが孤立化しやすいため、そうした状況に直面しやすいことが問題とされている。このような中で、子どもを持つ親同士の交流の場、気軽に子育ての相談ができる場を提供することが必要であるとされる。

地域子育て支援拠点の整備、拡充については、1993（平成5）年度から「地域子育てセンター事業」、2002（平成14）年度から「つどいの広場事業」が実施されてきた。地域子育て支援センター事業は、保育所等で地域の子育て家庭への相談指導、子育てサークル等の育成・支援、保育需要に応じた保育サービスの実施・普及促進、地域の保育資源の情報提供、家庭的保育支援の5事業から地域の実情に応じて3事業を選択実施することになっている。つどいの広場事業は、3歳未満の乳幼児とその親を対象に身近なところで気軽に集える場所を提供するもので、これまでNPOをはじめとする多様な主体により整備が進められてきた。

3．子育て家庭への経済的支援

子育てに必要な支援として多くの人が求めているものに経済的支援が挙げられる。経済的な支援としては、児童手当や子ども医療費助成制度等がある。

2007（平成19）年には、日本における急速な少子化の進行等を踏まえ、児童手当の月額が従来の5000円から一律1万円に引き上げられた。また、育児休業給付率においては育児休業の取得促進を図るため、2007（平成19）年10月から育児休業給付の給付率が休業前賃金の40％から50％に暫定的に引き上げられた（2009年度までの時限措置）。このほか、各地方自治体で子ども医療費助成制度等が進められている。これは、自治体により対象とする子どもの年齢は異なるが自己負担分の医療費の一部もしくは全額を助成するものである。

〔参考文献〕
　　内閣府『少子化社会白書』(平成20年版) 佐伯印刷、2008年
　　内閣府『少子化社会白書──新しい少子化対策の推進』(平成18年版) ぎょうせい、2006年

第6章

子どもと家庭

井口祥子

第1節　共働きの家庭と子育て

1．女性の就業と働き方の特徴

　女性の社会進出が進み、今では労働力人口の4割を女性が占めている。

　働く女性の、年齢別就業率を見てみると、20代前半では約7割の人が働いているが30代前半で下がり始め、育児で一段落する30代後半は逆に上がり始めて、40代の後半には7割の就業率へと上がっていく（**図1**）。こうした女性の就業パターンは、その形状がM字型に似ていることから『M字型労働力カーブ』といわれている。2007年の女性の年齢階級別労働力率を見ると、M字の高い所が、25歳～29歳と45歳～49歳であり、M字の谷になっている部分が30歳～34歳である［厚生労働省2009］。高校、短大、専門学校、大学を出て

図1　年齢階級別女子労働力人口比率の推移

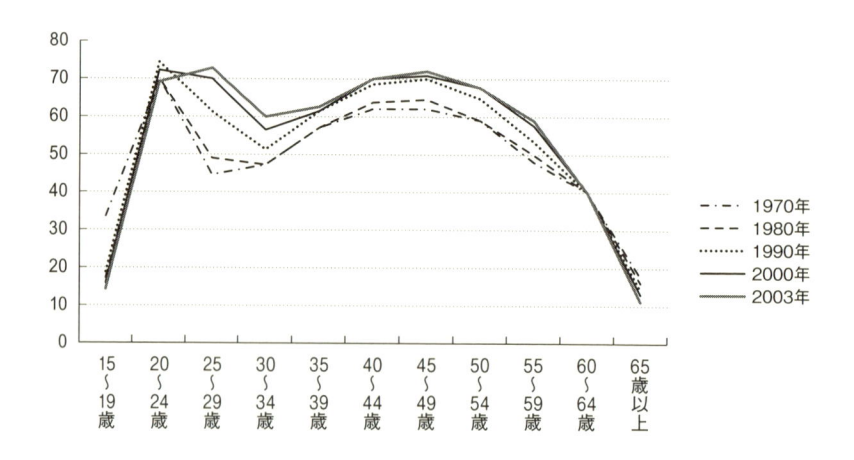

出所：独立行政法人福祉医療機構『wam net』第3回社会保障審議会　年金部会経済前提専門委員会資料』（平成20年4月2日開催）をもとに作成

から、一度は社会に出たものの結婚・出産、その他の事情で退社した女性たちの9割が、子どもが幼稚園・小学校に上がる30代半ばや、子どもに手がかからなくなった40代前半から後半にかけて仕事に戻ってきていて、M字型の2つの山を構成していることが窺われる。そして、再就職する女性の多くは正社員という形ではなく、家庭生活と両立できる派遣や契約社員、パートとしての働き方を選択している。

　さらに、1970（昭和45）年と2003（平成15）年の女性の有業者比率を比べてみると、この30年の間に、M字の谷の部分である25歳〜34歳層のボトムが上昇している。平均初婚年齢も、1970年が夫26.9歳、妻24.7歳から2005年には夫30.0歳、妻28.2歳となっている。結婚して3年以内に8割の人が第1子を産むといわれている［厚生労働省 2008(a)］。この点を考慮すると、30歳前後の女性の就業率のボトムの上昇には、女性の未婚化・晩婚化が影響していると考えられる。

図2　日本における女性の年齢階級別潜在的労働力率

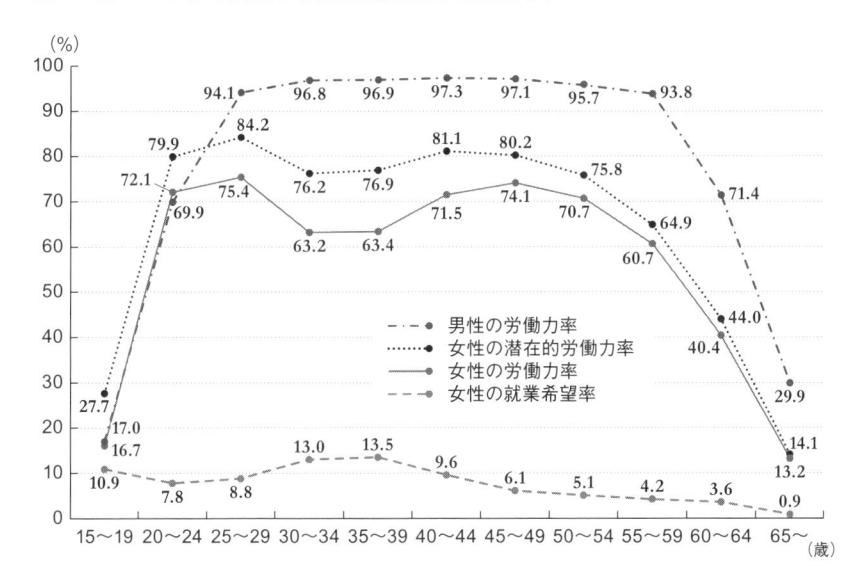

出所：［総理府編 2007］をもとに作成

しかし、諸外国の女性の年齢階級別労働力率を見てみると、アメリカではほぼ台形、スウェーデンは半楕円型であり、日本のような女性のキャリア中断による労働力率の一時的な低下が見られない。それは、欧米諸国の女性が妊娠・出産しても仕事を辞めずに両立していけているような何らかの個人的工夫、または社会環境整備等の条件が整っていることが想像できる。

また、男性と女性の就労状況で大きく異なるのは、男性の場合は結婚や子どもの誕生といったライフイベントの変化で就労形態が大きく変わることがないのに対して、女性の場合は結婚・出産といったライフイベントで就労形態が変化していることである。わが国の一般労働者の所定内給与に関する男女間賃金格差は、男性を100とした場合に女性は68であり［OECD 2006］、国際的に見ても格差は大きい。こうした男女の給料格差が大きいことも、子どもができたら、『男は仕事、女は家庭』といった保守的な性別役割分業化に拍車をかけているのであろう。

2．女性の就業と子育ての難しさ

女性の育児休業取得率は約9割に達する一方で、そのうち約7割が第1子出産を機に離職している。女性が職場を去る理由については、2人に1人が家事と育児に専念するため、3人に1人が仕事と育児の両立の難しさから退職に至ったと回答している［内閣府編 2006］。

一方、20～40歳台の男性のおおむね4人に1人が週60時間以上働いている。2008年に発表された総務省の調査によると、3歳児未満の子どもを持つ共働き世帯の夫婦間の家事・育児の平均は、夫が1時間13分、妻が5時間53分である。どうにか共働きが続けられても、育児・家事の負担は母親だけに偏ってしまいがちな現状が窺われる。

表1は共働きをしているA子さんの1日である。家族構成は、夫（36歳、投資銀行勤務）、A子（34歳、大手食品会社勤務）、長男7歳（小学生）、長女3歳（保育園児）の4人家族。長男出産時は8カ月、長女出産時は6カ月の育

表1　A子さんの1日の生活リズム

時刻	内容
AM 6:00	起床　シャワー 自分の時間（コーヒーを飲みながら新聞を読む、今日の予定の確認）
6:30	朝食の準備と夕食の下ごしらえ　洗濯
6:45	夫が起きてくる
7:15	長男、長女を起こす　子どもの準備と朝食
8:00	小学生の長男を見送る
8:15	長女の保育園の見送り
8:45	出勤
9:30	出社
16:30	退社（帰りにスーパーに寄る）
18:00	学童保育へ長男を、保育園へ長女を迎えに行く
18:20	帰宅　夕食の準備
19:00	夕食　後片付け
20:00	入浴
20:30	長女の寝かしつけ（絵本タイム）、長男は宿題・ワーク学習
22:00	夫が帰宅　夫の軽い夕食を準備
22:30	長男就寝
23:30	次の日の仕事の段取りの確認をして就寝

児休業を取得。社内に『子どもが小学校4年生進級まで』の育児短時間・時差勤務といった法定を大きく上回る育児支援制度があるため、今は、9時半〜16時半の時短勤務。忙しい時期は在宅ワークを利用し、急ぎの仕事の締め切りが重なってしまった時は、ベビーシッター（子どもが3歳までは費用は会社が補助）を利用しながら、仕事と育児を両立している。

第2節　両立支援対策

　妊娠・出産後も働き続けられることを保障する制度として代表的なものが育児休業制度である。かつては、家庭（育児）と仕事の両立というと、女性

の問題のように考えられていたが、少子化と高齢化が進む中で、共働き家庭も増加し、男女を問わない両立支援が求められている。ここでは、子育てと仕事との両立を支えている代表的な法律について触れてみたい。

1. 育児・介護休業法

　職種や性別を問わずすべての労働者に育児休業が認められた『育児休業等に関する法律』(以下『育休法』)は1992(平成4)年4月から施行された。この法律の制定の背景には、女性の職場進出とともに、出生率の低下が進み、これに対応する緊急の必要性があったこと、また世界的にも男女が平等に仕事と家庭の課題を担っていこうという流れの中で、男女労働者が平等に家族的責任を負えるような就労条件を整備することを義務付けられた世界労働機構(ILO)の勧告(156号条約・165号)を受けたことが挙げられる。

　しかし、子どもの手のかかるのは乳児期に限らない。不意の病気・怪我・事故はいつでも起こりうる。また、高齢化社会の中で介護問題を抱えながらの仕事の継続は大きな困難を伴うことが明らかにされてきた。そうした課題に対しての制度化の必要性も認識されてきたが、介護休業に関しては以下のようないくつかの段階を踏みながら法制化されていった。

　まず1995(平成7)年には従来の育休法が、『育児休業など育児又は家族介護を行う労働者の福祉に関する法律』に改められた。それにより、家族介護に関する事業主の努力義務や国の支援措置が盛り込まれた。1999(平成11)年には、介護休業制度を事業主に義務付けるものとなった『育児休業、介護休業等育児又は家族介護を行う労働者の福祉に関する法律』(以下『育児・介護休業法』)に改正された。

　さらに、2004(平成16)年の育児・介護休業法改正によって、正社員でなくても一定の条件を満たせば、期間を限定して雇用された社員であれば育児休業を申請できるようになった。また、介護に関しては、社員は介護が必要と認められた家族(配偶者、父母、子、または配偶者の父母)の介護のために(対

象家族1人につき要介護状態ごとに1回取得可)、通算して93日が上限の介護休業が取れるようになった。その他、『子の看護のための休暇』として、小学校未就学児を養育する社員は、子どもの怪我や病気における看護のために、申し出により1年度に5日までの休暇を取得することができるようになった。しかし、この看護休暇は労働者1人について年5日と決められており、子どもが複数いても休暇取得日数は変わらない。子どもが多いと病気にかかる確率も増えるため、安心して子どもを増やせる休暇制度にはまだ距離があった。

育児介護休業制度の普及により、家庭生活と職業生活の維持が可能になる形態が少しずつ整えられつつある。しかし、その活用のされ方は男女間で大きく異なる。ちなみに2007（平成19）年の雇用均等基本調査（厚生労働省）によると、育児休業取得率は、女性89.7％、男性1.5％である。制度は活用されてこそ意味をなすが、活用のされ方が男女のどちらかに偏ると、かえって男女の分業化を推し進めるものとなってしまう。

この育児休業取得率の男女間の格差はどうして生じるのであろうか。男性にとって育児休業は活用しにくいとする理由もいくつか挙げられている。ニッセイ基礎研究所『男性の育児休業取得に関する研究会報告書（平成14年度厚生労働省委託調査）』によると、育児休業が取りにくい理由として、①自分以外（妻等）で育児に専念してくれる人がいるため、②職場への迷惑がかかるため、③業務が繁忙であったため、が挙げられている。父親としては、もっと育児に関わりたくても、仕事との板ばさみで身動きできない状況が窺われる。

2009（平成21）年7月21日に交付された育児・介護休業法は以上のような課題を考慮した項目が織り込まれている。主な改正の焦点は、①子育て期間中の働き方の見直し、②男性も積極的に子育てに関わることができる働き方の実現、③仕事と介護の両立支援、④法の実効性の確保、となっている。

今回の改正により、3歳までの子どもを養育する労働者について、勤務時間の短縮制度を設けることが事業主の義務となり、小学校就学の始期に達するまでの子どもを2人以上持つ養育者は、年10日の看護休暇を取得できるようになった。また、これまでは、配偶者が専業主婦（夫）や育児休業中であ

る場合等には、事業主は、育児休業の申し出を拒めることとなっていたが、今回の改正によって、配偶者の状況にかかわらず育児休業を取得できるようになった。

しかし、今回の改正においても、育児休業中の代替要員の確保義務に関しては使用者に義務付けられていない。そのため、育児休業中の仕事は、残っている社員に振り分けられている場合が多い。子育てや介護に関わるすべての人が気持ち良く制度を活用していくためには、こうした課題にも目を向けていかなくてはならないであろう。

2．男女雇用機会均等法

いわゆる男女雇用機会均等法（以下『均等法』）は、正式名称は『雇用の分野における男女の均等な機会及び機会及び待遇の確保等女子労働者の福祉の増進に関する法律』で、『均等法』とも略称されている。主に雇用から待遇に至るまでの男女の機会均等や女性労働者の福祉の増進に関する法律である。

均等法は、性別にとらわれず、『女性も男性も、仕事と家庭』の役割を担うことを目標とした女性差別撤廃の国際的機運の中、国際連合（国連）の『女性差別撤廃条約』への批准(ひじゅん)の動きに合わせるように1985（昭和60）年5月に制定された。

それまでのわが国の労働基準法には、働く条件についての男女平等の規定は設けられていなかったため、雇用や待遇といったさまざまな面で、働く女性たちは厳しい立場に置かれていた。

成立当初の均等法は、教育訓練、福利厚生、定年、退職・解雇についての女性差別は禁止であったが、募集・採用、配置・昇進については『努力義務』としていた。こうした中、企業は意欲ある女性を集めるために一般職と総合職を最初から分けて採用するコース別の雇用管理制度を設けた。

その後、1997（平成9）年改正の均等法では、①募集・採用についての女性差別禁止、②すでに生じている事実上の男女格差を積極的に解消するため

の施策（ポジティブ・アクション）、③セクシャル・ハラスメントに関する規定等が盛り込まれた。さらに2006（平成18）年の改正均等法では、男性への差別禁止、間接差別禁止等を盛り込んだ改正が行われ、2007（平成19）年から施行されている。以下、改正のポイントを挙げてみよう。

（1）性別を理由とする差別禁止の拡大
①男性に対する差別も禁止

これまでの均等法では、女性に対する差別的取り扱いを禁止していたが、今回の改正では、男性であることを理由にした男性に対する差別的扱いも、性別を理由とする差別的取り扱いとして規制を加えた。これにより、男性も均等法に基づく調停等の解決援助が利用できる。例えば、セクシャル・ハラスメント（セクハラ）は、女性労働者だけが、配慮義務の対象とされていたが、改正均等法では、男性も配慮義務の対象になる。

②禁止される差別の追加拡充

女性を対象とした差別禁止項目に加えて、改正均等法では男女双方に対して、募集・採用、配置（業務の配分及び権限の付与を含む）・昇進・降格・教育訓練・福利厚生、職種の変更・雇用形態の変更、退職の勧奨・定年・解雇・労働契約の更新について差別禁止となる。

③間接差別の禁止

性差別と明確にわかるものでなくても、厚生労働省令で定める(ア)～(ウ)の3つの措置（(ア)募集・採用にあたって、身長・体重・体力を要件とすること、(イ)コース別雇用管理で、総合職の募集・採用に『転居を伴う転勤』ができることを要件とすること、(ウ)昇進の要件に、転勤の経験があることを入れること）については、合理的な理由がない場合間接差別として禁止される。

（2）女性の妊娠・出産を理由とする不利益禁止

妊娠・出産、母性健康管理措置・母性保護措置・妊娠または出産に関する能率低下等を理由とする解雇その他不利益取り扱いを禁止する。

（3）母性健康保護管理措置

母性健康管理の義務を果たさず、是正指導に応じない企業に対しては企業名を公表する。

（4）その他の項目

- 虚偽の報告等に過料を科す。
- ポジティブ・アクション（積極的に男女に生じている格差を是正すること）に努める企業に対して国が援助する。

3．次世代育成支援対策推進法

　企業内における仕事と子育て両立への支援の取り組みに影響を与えているのが2003（平成15）年7月に成立した『次世代育成支援推進法』（以下『次世代法』）である。次代を担う子どもが健やかに育ち、育成する取り組みを進めるための2015年までの時限立法である。

　次世代法の目的では、次の世代の子どもを育てるために、国、地方公共団体、事業主や国民の責務が語られている。また、基本理念では、『次世代育成支援対策は、父母その他の保護者が子育てについての第一義的責任を有するという基本的認識のもとに、家庭その他の場において、子育ての意義についての理解が深められ、かつ、子育てに伴う喜びが実感されるように配慮して行われなければならない』と述べられ、安心して子どもを育てることのできる社会の実現には、子育てにおける父母の責務が大きいことが明確にされている。

　次世代法では、2005（平成17）年4月1日から、301人以上の従業員を抱える企業に対し、『一般事業主行動計画』を策定して労働局へ届け出ることを義務付け（従業員300人以下の事業主は努力義務）、2007（平成19）年4月からは次世代法に基づく認定制度をスタートさせた。認定を受けるには、厚生労働大臣が策定する『行動計画策定指針』に沿うことが求められ、認定を受けると、認定マーク『くるみん』を商品等に表示することができる。2007年

4月時点では245社が申請し、128社が認定を受けている（2007年厚生労働省発表資料）。『くるみん』マークを使用できるということは、その企業が男女共に働きやすい職場作りに努めているといったお墨付きを認めてもらえたご褒美のようなものであり、社内だけでなく外部に対する『社員を大事にする企業』であるというアピールとして用いられる。

図3　『くるみん』マーク

　次世代法は、政府が主導となって地方公共団体や事業主に対し、妊娠・育児に対する具体的支援策を促したものである。それは主に育児休業、短時間勤務、復職支援等の制度の充実や、父親の育児参加、子育てにおける地域貢献活動を支援する取り組み等、従業員の仕事と子育ての両立を支援するために、企業の果たす使命を方向付けるものとなっている。

第3節　ワーク・ライフ・バランスと子育て

1．わが国におけるワーク・ライフ・バランスの誕生の背景

　経済・情報ITの国際化が進み、労働環境が大きく変化する中で人々は今までにないストレスを経験する時代にある。1998年以来自殺者の数は3万人を越え続け、働き盛りのうつ病も増えている。労働災害（労災）認定件数も増加の一途である。

　また、少子・高齢化社会を迎え、さらに2010年までに、団塊の世代（1947〜49年生まれ）にあたる521万人の就業者が定年退職を迎えることになる。2007年11月にまとめられた厚生労働省の推計によると、日本の労働人口（15

歳以上の就業者と求職者）は、2006年から2030年の間に約1070万人も減少するという。こうした労働力不足が懸念される中で、企業としては、優秀な社員が、健康で、できるだけ長く働いてくれるためのシステム作りが企業存続の緊迫課題となっている。女性の労働力に対する期待も高い。そのためには、夫が働き、妻が専業主婦として家庭を守るといった性別役割分業ではなく、夫も家事・育児や自分の生活を楽しめ、妻も家事・育児のほかに仕事や自分の時間を味わえる働き方が可能となる職場環境の実現が望まれる。何かの犠牲のもとに仕事が継続されるのではなく、家族生活を含めたトータルな『人生の満足感』につながる働き方を支援することが望まれている。ワーク・ライフ・バランスはこうした時勢の流れの中で誕生した言葉であり、その施策は、今のところ、政府主導で進められているといえよう。

2．ワーク・ライフ・バランスとは

　ワーク・ライフ・バランスは、『仕事と生活の調和』と訳されていて、人々の仕事（ワーク）と生活（ライフ）の調和を図りながら、自分の能力を十分に仕事・家庭・地域社会の中で活用できる状況を目指すものである。ワーク・ライフ・バランスに関してはいくつかの定義があるが、内閣府によると、ワーク・ライフ・バランスの定義を、『男女がともに、人生の各段階において、仕事、家庭生活、地域生活、個人の自己啓発等、さまざまな活動について、自らの希望に沿った形で、バランスをとりながら展開できる状態のこと』［総理府編2007］としている。つまり、ワーク・ライフ・バランスが対象としているのは性別・年齢・既婚未婚にかかわらず、さまざまな生活環境を抱えている老若男女なのである。

　企業がワーク・ライフ・バランスを導入するにあたり、組織人事コンサルタントを行っている小室淑江氏によると、ワーク・ライフ・バランスの本質は、ワーク（仕事）とライフ（生活）の時間の配分だけではなく、仕事と生活の双方をうまく調和させ、相乗効果を及ぼし合って好循環を生み出すとい

うことにあるとしている。

　ワーク・ライフ・バランスというと、個人の利益につながるものばかりで、企業サイドから見ると、コストだけが掛かるものという印象が持たれがちである。しかし、仕事と生活を共に充実させることで、発想力・想像力・人脈が広がって人間に幅ができ、それだけ仕事に還元できる力を持つ人間に育つことで、企業は多様な人材を活かし競争力を高めていくことが可能になる。企業にとって、多様な人材を抱えることが戦力になっているのだ。

3．ワーク・ライフ・バランス憲章

　政府は、2007（平成19）年12月に、ワーク・ライフ・バランスの基本的理念を示す『ワーク・ライフ・バランス憲章』を決定した。憲章は、仕事と生活の調和の実現に向けての国民的な取り組みの大きな方向性を示すものである。そして、このワーク・ライフ・バランス憲章を受けて、企業や働く者、国民の効果的な取り組み、国や地方公共団体の施策の方針や達成すべき数値目標を具体的に表示した『行動指針』が明らかにされた。

　注意しなければならないことは、ワーク・ライフ・バランスは、国の少子化対策のためだけに生まれたものではないということである。性別にとらわれない子育ても含めた家庭生活の充実と仕事との両立課題はワーク・ライフ・バランスの推進の一部のものである。ワーク・ライフ・バランスの推進は、企業内外における働きやすさの構築から子どもたちのキャリア観を育てる職業体験や団塊の世代をはじめとする高齢者の再就職支援までを含めた幅広い領域を含んだものである。国民一人ひとりが仕事だけでなく家庭や地域生活等においても、ライフステージに応じた自らの望む生き方を手にすることができる社会を目指すものであるため、教育界、経済界、労働界等官民が一体となってこそ実現化されると考えられている。2008（平成20）年度における内閣府、経済産業省、厚生労働省、文部科学省をあわせた、ワーク・ライフ・バランスに関連する予算の事業総額は約6626億円である。

表2　「行動指針」数値目標

	数値目標設定指標	現状	目標値 2012年	目標値 2017年
Ⅰ 就労による経済的自立が可能な社会	① 就業率（Ⅱ、Ⅲにも関わるものである）	25～34歳男性　90.3% 25～44歳女性　64.9% 60～64歳男女計52.6% 65～69歳男女計34.6%	93～94% 67～70% 56～57% 37%	93～94% 69～72% 60～61% 38～39%
	② 時間あたり労働生産性の伸び率（Ⅱ、Ⅲにも関わるものである）	1.60% (1996～2005年度の10年間平均)	2.4%（5割増） （2011年度）	―
	③ フリーターの数	187万人 (2003年にピークの217万人)	ピーク時の3/4に減少 (162.8万人以下)	ピーク時の2/3に減少 (144.7万人以下)
Ⅱ 健康で豊かな生活のための時間が確保できる社会	④ 労働時間等の課題について労使が話し合いの機会を設けている割合	42.0%	60%	すべての企業で実施
	⑤ 週労働時間60時間以上の雇用者の割合	10.8%	2割減	半減
	⑥ 年次有給休暇取得率	46.6%	60%	完全取得
	⑦ メンタルヘルスケアに取り組んでいる事業所割合	23.5%	50%	80%
Ⅲ 多様な働き方・生き方が選択できる社会	⑧ テレワーカー比率	10.4%	20%（2010年まで）	―
	⑨ 短時間勤務を選択できる事業所の割合（短時間正社員制度等）	(参考) 8.6%以下	10%	25%
	⑩ 自己啓発を行っている労働者の割合	46.2%（正社員） 23.4%（非正社員）	60%（正社員） 40%（非正社員）	70%（正社員） 50%（非正社員）
	⑪ 第1子出産前後の女性の継続就業率	38.0%	45%	55%
	⑫ 保育等の子育てサービスを提供している割合	保育サービス（3歳児未満）20.3% 放課後児童クラブ（小学1年～3年）19.0%	29% 40%	38% 60%
	⑬ 男女の育児休業取得率	女性：72.3% 男性：0.50%	女性：80% 男性：5%	女性：80% 男性：10%
	⑭ 6歳未満の子どもを持つ男性の育児・家事関連時間	1日あたり60分	1時間45分	2時間30分

出所：内閣府仕事と生活の調和推進室「仕事と生活の調和推進のための行動指針」
（http://www8.cao.go.jp/wlb/government/pdf/indicator.pdf）をもとに作成

4．ワーク・ライフ・バランスと今後の課題

　均等法以降、女性も男性並みの働き方をすることで昇進への機会を与えられるようになったとはいうものの、厚生労働省の2006（平成18）年の発表によると、管理職に占める女性の割合は6.9％であるという。世界の先進国の女性管理職の割合は半数近くであることと比較すると、日本の働き方の男女格差はまだまだ大きい。また、仕事に邁進し、気がついたら出産のリミットを越えてしまい、『自分の人生で大きな後悔は子どもを持たなかったことだ』とつぶやく女性管理職もいることだろう。私自身も仕事柄そうした多くの女性と面談する機会を持つ。

　ワーク・ライフ・バランスは子育てと仕事との両立を意図したものだけでなく、さまざまな立場の人々の生活の質（QOL）を高めていく試みでもある。それは、個人の仕事を含めた生活の質の向上でもあり、その個人と大きく関わりある人々の生活の質の向上につながるものでもある。そのためには、一部の人の忙しさのもとに、他の人の休養があってはならない。家庭でも共働きの妻だけに育児の負担がいくといったバランスの悪さは解消されなくてはならないであろう。そうした状況に対応するには、職場の意識革命だけでなく、それによって仕事の質を下げない工夫や、休んだことで特定の人に負担がかからないような業務遂行のシステム化が求められる。代替や分業化が難しい専門的な仕事や高度の判断をしなくてはならない立場の仕事の場合に、どのように仕事を細分化・分担化していけるかは大きな課題である。さらに、その制度を利用したことで昇進を含めた評価に悪影響を受けないような評価システムも確立されなくてはならない。

　これらの課題はいずれも一筋縄ではいかないものであるが、これらの課題に正面から取り組んでいかなければ、企業もこれからの時代に生き残っていけないであろう。そうしたことが整ってこそ、ワーク・ライフ・バランスが子育てにおいても真に活用されるものとして人々の生活に根付いていくのであろう。

〔参考文献〕

厚生労働省編『生涯を通じた自立と支え合い——暮らしの基盤と社会保障を考える（厚生労働白書 平成20年版）』ぎょうせい、2008年

国立社会保障・人口問題研究所編『わが国独身層の結婚観と家族観』（厚生省人口問題研究所編『出生動向基本調査第12－13回』）厚生統計協会、2007年

国立社会保障・人口問題研究所編『わが国夫婦の結婚過程と出生力』（厚生省人口問題研究所編『出生動向基本調査第12－13回』）厚生統計協会、2007年

総理府編『男女共同参画白書（平成19年版）』日経印刷、2007年

内閣府編『国民生活白書〈平成18年版〉——多様な可能性に挑める社会に向けて』（『暮らしと社会』シリーズ）時事画報社、2006年

丸尾直美、川野辺裕幸、的場康子編著『出生率の回復とワークライフバランス——少子化社会の子育て支援策』中央法規出版、2007年

労働調査会出版局編『こうして手にする仕事と生活の調和——ワーク・ライフ・バランスへの取組みのヒントと企業事例』全国労働基準関係団体連合会、2008年

OECD「図表で見る社会——OECD社会指標2006年版（Society at a Glance: OECD Social Indicators 2006 Edition）」2006年

厚生労働省「平成20年版 働く女性の実状」2009年3月26日

厚生労働省「人口動態調査」2008年（a）

厚生労働省「平成19年度雇用均等基本調査」2008年（b）

厚生労働省雇用均等・児童家庭局「男女雇用機会均等法のあらまし」2007年

総務省統計局「社会生活基本調査」2008年

第7章

子どもと保育

高橋弥生

第1節　保育所・保育士

1．認可保育所

　児童福祉法第24条に規定されている児童福祉施設で、何らかの理由により保育に欠ける乳幼児を保育することを役割としているのが認可保育所である。2008（平成20）年に告示された保育所保育指針では、保育所の役割を次のように規定している。

　　①保育所は、保育に欠ける子どもの保育を行い、その健全な心身の発達を図ることを目的とする児童福祉施設であり、入所する子どもの最善の利益を考慮し、その福祉を積極的に増進することに最もふさわしい生活の場でなければならない。

　　②その目的を達成するために、保育に関する専門性を有する職員が、家庭との緊密な連携の下に、子どもの状況や発達過程を踏まえ、保育所における環境を通して、養護及び教育を一体的に行うことを特性としている。

　　③入所する子どもを保育するとともに、家庭や地域の様々な社会資源との連携を図りながら、入所する子どもの保護者に対する支援及び地域の子育て家庭に対する支援等を行う役割を担うものである。

　ここでは、子どもの最善の利益を考えた保育を行うだけでなく、養護と教育の一体化、子育て支援、といった役割を担う施設であることを示している。
　では「保育に欠ける」とはどのような状況であろうか。これについては児童福祉法施行令第27条の規定によると、児童の保護者のいずれもが、以下の項目のいずれかに該当する場合、かつ、同居の親族その他の者が当該児童を保育することができないと認められる場合である。

　　①昼間に労働することを常態としていること。

表1　保育所と幼稚園の比較

区分	保育所	幼稚園
根拠法律	児童福祉法（1947〔昭和22〕年12月公布）	学校教育法（1947〔昭和22〕年3月公布）
所管	国—厚生労働省 都道府県—知事（多くは福祉部局） 市町村—市町村長	国—文部科学省 公立—教育委員会 私立—知事（多くは総務部局）
認可権者	知事	公立—都道府県教育委員会 私立—知事
設置者	地方公共団体、社会福祉法人、その他の法人、民間企業、個人	国、地方公共団体、学校法人、その他の法人、個人
目的	保育所は、日日保護者の委託を受けて、保育に欠ける乳児又は幼児（必要に応じその他の児童）を保育すること。（児童福祉法第39条）	幼児を保育し、適当な環境を与えて、その心身の発達を助長すること。（学校教育法第22条）
保育（教育）内容の基準	健康状態の観察、服装等の異常有無についての検査、自由遊び、昼寝、健康診断を含む。（児童福祉施設最低基準第35条）。保育所保育指針（告示）	健康、人間関係、環境、言葉、表現 幼稚園教育要領（告示）（学校教育法施行規則第76条）
保育（教育）時間	1日8時間を原則とし、保護者の労働時間その他家庭の状況等を考慮して所長が定める（児童福祉施設最低基準第34条）。	1日4時間を標準とし、幼児の心身の発達の程度や季節に応じて園長が定める（幼稚園教育要領）。
対象	保育に欠ける乳・幼児 特に必要があるときは、保育に欠けるその他の児童	満3歳以上小学校就学の始期に達するまでの幼児
入所（園）の時期	保育に欠ける状況が発生し、保護者入所を申し込んだ時	学年の始め（4月）
保育者の名称	保育士	教諭
保育士（教諭）1人の受け持つ子どもの数	乳児おおむね3人 満1、2歳児おおむね6人 満3歳児おおむね20人 満4歳児以上おおむね30人（児童福祉施設最低基準第33条）	35人以下を原則とする（幼稚園設置基準第3条）
保育士（教諭）の資格	厚生労働大臣が指定した保育士を養成する学校・施設（高等学校卒業を入学資格とする、2年以上の課程）を卒業したもの。都道府県が行う保育士試験に合格したもの（受験資格は大学に2年以上在学し62単位以上修得したもの）。	大学・短期大学・文部科学大臣が指定する教員養成所（2年課程）に2年以上在学し、所定の単位を履修したもの。 助教諭の資格を持ち、6年以上幼稚園で幼児の保育に従事し、所定の科目・単位を履修したもの。
休日	多くの園は日曜、国民の祝日、12月29日から1月3日まで	日曜、国民の祝日、土曜（公立の場合、私立の場合は学則で決める）、夏期、冬期、学年末に長期の休業日
保護者の負担金	市町村の規定に従い、保護者の収入に応じて徴収	園が決定した均一の保育料を保護者が負担

※両者の根拠法律が保育所の場合、児童福祉法幼稚園の場合、学校教育法となっている。そのためすべての点で相違が見られる。しかし幼・保一元化が課題となっており、しだいに両者の差が縮まっていく可能性がある。

出所：[林邦雄監修 2004]をもとに作成

②妊娠中であるか又は出産後間がないこと。
　③疾病にかかり、若しくは負傷し、又は精神若しくは身体に障害を有していること。
　④同居の親族を常時介護していること。
　⑤震災、風水害、火災その他の災害の復旧に当たつていること。
　⑥前各号に類する状態にあること。
　つまり上記のような条項にあてはまる乳幼児を保育することを目的としているのが認可保育所である。
　また、認可保育所には国が定めた設置基準があり、その基準を満たしていなければ国からの認可は下りない。保育所の設置基準を幼稚園の設置基準と比較して表しているのが**表1**である。
　これまでの保育所保育指針には法的な拘束力はなかったが、2008（平成20）年に出された保育所保育指針は告示となった。ここで示された保育内容は、養護と教育の両面から保育を考えていることが特徴的であるといえるだろう。養護については、生命の維持と情緒（じょうちょ）の安定、教育については保育内容の5領域がその内容であり、各保育所の保育課程に基づいた保育計画に沿って保育が進められていくように定められている。

2．保育士

　保育士とは、児童福祉法第18条の4で「登録を受け、保育士の名称を用いて、専門的知識及び技術をもって、児童の保育及び児童の保護者に対する保育に関する指導を行うことを業とする者」とされている。
　保育士は、1947（昭和22）年の児童福祉法の成立以来保母という名称で呼ばれていたが、1997（平成9）年の児童福祉法の大幅な改正に伴い、1999（平成11）年より保育士という名称に変更となった。これにより、これまで保父と呼ばれていた男性保育者も保育士という名称で統一されることになり、男性保育士の増加の一助になったようであるが、それでも男性保育士は2003

年の時点で全体の２～３％でしかない。また、2003（平成15）年には保育士資格が国家資格となり、都道府県に登録し保育士証の交付を受けなければ保育士を名乗って仕事をすることはできなくなった。

2008（平成20）年告示の保育所保育指針においては、保育士の役割を「保育所における保育士は、児童福祉法第18条の４の規定を踏まえ、保育所の役割及び機能が適切に発揮されるように、倫理観に裏付けられた専門的知識、技術及び判断をもって、子どもを保育するとともに、子どもの保護者に対する保育に関する指導を行うものである」としており、保育士に高い専門性を求めている。

保育士資格を取るには、厚生労働省が認めた保育士養成課程のある学校（大学・短大・専門学校等）で所定の単位を取得し卒業するか、毎年行われる保育士試験に合格するかの２通りの方法がある。どちらの方法にせよ、質の高い保育士を多数必要としている現代社会において、専門知識及び保育士としての倫理をしっかり学んだ上で資格を取得することが望まれる。

では保育士が働くことのできる施設を挙げてみると、（認可）保育所、児童厚生施設、児童養護施設、児童自立支援施設、児童家庭支援センター、助産施設、乳児院、母子生活支援施設、知的障害児施設、知的障害児通園施設、盲ろうあ児施設、肢体不自由児施設、重症心身障害児施設、情緒障害児短期治療施設、等がある。このような施設で保育士としての仕事に従事することができるのであるが、このほかにも、認可外保育施設や障害者施設、ベビーシッター等としても保育士は必要とされている。ただし同じように幼児の教育や保育を職務とする幼稚園は文部科学省の管轄下にあり、幼稚園で保育をするのは幼稚園教諭で、保育士資格では勤務することはできない。保育所は厚生労働省、幼稚園は文部科学省、というように管轄する省庁が違うのである。2006年より幼保一元化を目指して「認定こども園」の設置を進めているところではあるが、保育者の資格が一元化されるのはまだ先のことであろう。

第2節　認可外保育施設

　認可外保育施設とは、国の認可を受けていない保育施設で、ベビーホテルや企業内保育所、院内保育所、学校内の保育所等がそれにあたり、開所時間が長時間であったり、入所児が少数であったりとさまざまである。また、地方自治体が、待機児童解消のために独自に基準を設けて開設している保育所も認可外保育施設といえる。例えば東京都の認証保育所や横浜市の横浜保育室等がこれである。

1．認証保育所

　認証保育所は2001（平成13）年に東京都が独自に制定した制度である。東京都は待機児童が多く、特に産休明け等の0歳児の保育に対するニーズが高かったが、認可保育所の設置基準では都市部での設置が困難であった。そこ

表2　認証保育所設置基準

	A型	B型
設置主体	民間事業者等	個人
対象児童	0～5歳	0～2歳
規模	20～120名	6～29名
面積（0、1歳児）	3.3㎡（弾力的に運用）	2.5㎡
屋外遊技場	設置（付近の代替場所も可）	規定なし
調理室	設置する	設置する
便所	設置する	設置する
保育従事職員	認可保育所と同様（ただし、正規保育士は6割以上）	
施設長	児童福祉施設等の勤務経験を有し、かつ保育士資格を有する者	
開所時間	13時間の開所が基本	
保育料	料金は自由（ただし国の基準が上限）	

出所：「東京都認証保育所事業実施要項」（平成13年5月7日12福子推第1157号）をもとに作成

でそれらの多種多様なニーズに応えることのできる認証保育所が設置されることになったのである。認証保育所の入所については、設置者と利用者が直接契約するので、市町村を通す必要はない。認証保育所にはＡ型とＢ型の２種類があり、それぞれの設置基準は**表２**のとおりである。

　駅型であったり、13時間の開所時間であったりと、利用者にとっては有利な点が多く、直接設置者と契約ができることも利用者を増やしている原因であろう。設置数も順調に増加している。しかしながら、園によっては保育の質の低さが問題になることもあり、保育所の数を増やすと同時に保育の質を一定のレベルに確保していくことが今後の課題であろう。

２．ベビーホテル

　ベビーホテルとは、①夜８時以降の夜間保育、②宿泊を伴う保育、③一時預かり等を常時実施している施設のことである。都市部に多い待機児童が、認可保育所に入所できるようになるまで一時的に利用している場合もあれば、夜間保育があるということで深夜までの仕事に従事する飲食業や医療関係者、警察官等の子どもが入所する場合もある。入所も簡単にできることからその数が増加したが、設備の問題があったりや保育者の質が低かったりして、事故が多発する等の問題が生じた。例えば

図１　ベビーホテルの指導監督基準適否の状況

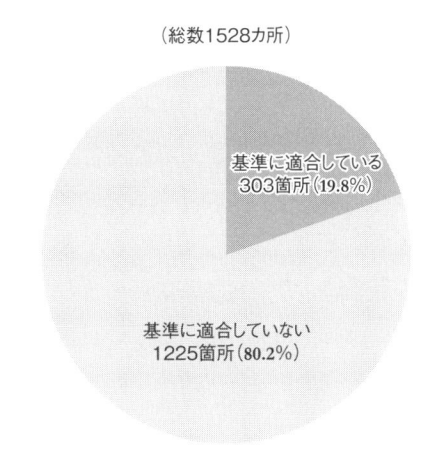

（総数1528カ所）

- 基準に適合している　303箇所（19.8％）
- 基準に適合していない　1225箇所（80.2％）

出所：厚生労働省雇用均等・児童家庭局保育課「認可外保育施設の現状（平成19年３月31日現在）」をもとに作成

ベビーホテルの保育者が入所児を虐待し、それによる怪我及び死亡事故が発生したり、同じベッドに複数の乳児を寝かせていたことによる窒息死事故等も起きたのである。これらのことが社会問題となり、2001（平成13）年に成立した児童福祉法の改正では、改善勧告や移転勧告に応じない場合の行政処分が強化された。しかしその後2004年に行われた点検・指導の結果では、調査総数の80％が指導基準に適合していない結果となっている（**図1**）。

　ベビーホテルの指導を強化すると同時に、認可保育所の整備や子育て中の親に対する補助等を充実させなければ、ベビーホテル問題は解決しないだろう。

3．事業所内保育施設

　事業所内保育所とは、企業等が従業員の子どもを対象として事業所内や隣接地等に設置する保育所のことである。男女共同参画社会の実現や少子化対策の具体的な取り組みの1つとなっており、保育所の不足している都市部のオフィス内に保育所を設置する企業等が増えている。2001年現在で全国に3700以上の施設があり、業種別には医療機関が設置する保育所が全体の6割を占め最も多い。看護師は女性の占める割合が高く、夜勤もあることから、他業種に比べ早くから院内保育所が設置される病院が多かったためであろう。事業所内保育所は20名未満の規模の施設が全体の7割以上で、3歳未満が入所児全体の約6割を占めている。運営の方法には、企業が直接運営するタイプと保育サービス事業に委託するタイプがある。親にとっては、職場内に設置されているということで最も安心できる保育所であるが、企業の経営状況や経営方針等により設置されない場合も多い。特に規模のあまり大きくない事業所では設置したくともできない現状があり、事業所内保育所の数はここ数年増加は見られない状況である。

第3節　認定子ども園

1.「認定こども園」制度化の背景

　これまで、就学前の乳幼児を対象とした保育施設は、保育に欠ける子どもを対象とした保育所と、3歳以上の子どもを対象とした幼稚園の2つが中心となっていた。しかし保育所は厚生労働省の管轄下にある児童福祉施設で、幼稚園は文部科学省の管轄下にある教育施設という二元化された状況にあった。これについては以前から一元化できないかという意見はあったが、縦割り行政の難しさ等からなかなか実現には至らなかったのである。ところが現代の少子化の進行や教育・保育ニーズの多様化に伴い、これまでの保育所や幼稚園だけでの取り組みでは対応できないような状況が顕在化してきたのである。

　それは次のようなことである。

- 親が働いていれば保育所、働いていなければ幼稚園というように、就労の有無で利用施設が限定されてしまう。
- 少子化の進む中、幼稚園・保育所別々では、子どもの育ちにとって大切な子ども集団が小規模化してしまう。
- 保育所待機児童が2～3万人存在する一方、幼稚園利用児童は10年で10万人減少している。
- 育児不安の大きい専業主婦家庭への支援が大幅に不足している。

このような問題に対応するために、新たな選択肢としての「認定子ども園」制度が誕生することになったのである。

2．認定子ども園とは

　なかなか実現しなかった幼保一元化であったが、政府の規制緩和の方針を受けて幼保一元化の総合施設設置を検討することが2003（平成15）年に閣議決定された。そして2006（平成18）年に「就学前の子どもに関する教育、保育等の総合的な提供の推進に関する法律」が成立し、幼稚園と保育所の両方の機能を持つ認定子ども園が誕生したのである。
　認定子ども園は、就学前の子どもに対する幼児教育・保育を提供する、地域における子育て支援を行う、という機能を持っている。また、認定こども園には、地域の実情に応じて次のような多様なタイプが認められている。
　認定子ども園には次のような4つのタイプがある。
　①幼保連携型
　認可幼稚園と認可保育所とが連携して、一体的な運営を行うことにより、認定子ども園としての機能を果たすタイプ。
　②幼稚園型
　認可幼稚園が、保育に欠ける子どものための保育時間を確保する等、保育所的な機能を備えて認定子ども園としての機能を果たすタイプ。
　③保育所型
　認可保育所が、保育に欠ける子ども以外の子どもも受け入れる等、幼稚園的な機能を備えることで認定子ども園としての機能を果たすタイプ。
　④地方裁量型
　幼稚園・保育所いずれの認可もない地域の教育・保育施設が、認定こども園として必要な機能を果たすタイプ。

　いずれのタイプも保育所のような「保育に欠ける」といったような制限をせずに子どもを受け入れることになっている。また、利用者との契約は、幼稚園の場合と同様に、利用者と施設との直接契約になっている。
　2007年には、全国の認定子ども園の数は100カ所を超え、さらに500件以上

の申請があった。この数年のうちに全国で2000カ所以上に増えることを目指しているが、なかなか申請どおりにはその数が増加していないのが現状のようである。

3．認定子ども園の認定基準

認定こども園は、保育の質を確保する観点から次のような基準が設けられている。

①職員配置

0～2歳児については、保育所と同様の体制とする。

3～5歳児については、学級担任を配置し、長時間利用児には個別対応が可能な体制とする。

②職員資格

0～2歳児については、保育士資格保有者が保育を行う。

3～5歳児については、幼稚園教諭免許と保育士資格の併有が望ましいが、学級担任には幼稚園教諭免許の保有者、長時間利用児への対応については保育士資格の保有者を原則としつつ、片方の資格しか有しない者を排除しないよう配慮する。

③教育・保育の内容

幼稚園教育要領と保育所保育指針の目標が達成されるよう、教育・保育を提供する。施設の利用開始年齢の違いや、利用時間の長短の違い等の事情に配慮する。

認定こども園としての一体的運用の観点から、教育・保育の全体的な計画を編成する。小学校教育への円滑な接続に配慮する。

④子育て支援

保護者が利用したいと思った時に利用可能な体制を確保する。

さまざまな地域の人材や社会資源を活用する。

4．認定子ども園の利点

　認定子ども園が普及することによる利点として考えられるのは、まず共働きの家庭でなくとも3歳未満児を預けることができるという点であろう。これにより家庭内で孤立して子育てをしている母親に対する支援の手をさしのべることができるようになる。次に、保育所の入所を待つ待機児童を減らすことができそうだということである。このことは、少子化に伴い入園者が減っている幼稚園にとっても良いことであろう。さらに、幼稚園、保育所の枠にとらわれず、幼児教育と保育の両方から実情に即した望ましい保育が計画できるということも大きな利点ではないだろうか。

5．認定子ども園の問題点・課題

　幼稚園と保育所の良い点を併せ持つような認定子ども園であるが、問題点がないわけではない。次のような点は気になるところである。
　入園する必要のない（保育に欠ける状況ではない）3歳未満児でも、保護者が安易に委託するようになるのではないか。本来子どものための施設であるのに、保護者が楽をするために利用され、子どもの利益に反してしまう危険はないのか。
　認定子ども園の認定基準は都道府県の条例によって決められ、知事が認定する制度である。そのため設備面や職員の配置等で不十分な点が出てくるのではないかという危惧がある。例えば幼稚園型の場合、調理室を整えることができるのかという点がある。外部搬入が認められるとすれば、これまでの認可保育所より食事面での対応は当然劣ってしまうだろう。また職員配置についても、幼稚園・保育所のどちらの基準に合わせるかにより、差が出てくることが考えられるのである。
　保育士と幼稚園教諭が一緒に保育をすることになるわけであるが、お互いの保育方針や保育技術に対しての理解を深め、協力体制が十分にとれるかと

いう心配がある。教育と保育という観点からの保育内容を、高め合うことができるようでなければ一元化の意味はないといえるだろう。

保護者同士のコミュニケーションという点で問題が生じないだろうか。幼稚園の保護者は園の行事等に積極的に参加する傾向があるが、保育所の保護者の場合は頻繁な協力は求められないだろう。保護者間でそのような差が生じた場合に問題になる可能性も考えられる。

まだスタートしたばかりの認定子ども園で、法的な整備も十分とはいえない。今後とも見直しをしていくことが必要であろう。

〔参考文献〕

亀谷和史編著『現代保育と子育て支援──保育学入門』(第2版)八千代出版、2008年

全国保育団体連絡会編『保育白書(2004年版)』草土文化、2004年

全国保育団体合同研究集会実行委員会編『保育白書(2003年版)』草土文化、2003年

松本寿昭編著『子ども家庭福祉論──子どもの人権と最善の利益を守るために』相川書房、2008年

谷田貝公昭監修(林邦雄責任編集)『保育用語辞典』一藝社、2006年

第8章

子どもの健全育成

岡本美智子
矢田美樹子
井下原百合子

第1節　子どもの育つ環境実態と課題

　子どもは家庭を基盤として地域社会に暮らし、仲間や大人たちと、共に生活しながら社会化され、育つ。隣近所や遊び仲間等のインフォーマルな集団や、保育所、幼稚園、学校等のフォーマルな集団を経験し、社会化されてゆくのである。

　子どもが健全に育つ環境を用意するためには、時代的、地域的、社会的な条件を的確に把握し、また社会がどのような問題意識を持ち、健全育成を目指そうとするのかについても明確に意識することが重要である。

　地域社会の結びつきが弱くなり、地域の持つ教育力の低下が指摘されて久しい。同時に、少子化高齢化が進む中で、子どもの健全育成に、家庭・地域の果たす役割に期待は大きい。ここでは、子どもの健全育成について、子どもの実態と、地域への期待、の視点から考える。

1．今日の子どもの生活実態

　乳幼児が育つ場については、厚生労働省及び文部科学省による2007年の統計によれば、0歳児から5歳児までの就学前児のうち、30％が保育園に入所し、26％が幼稚園に在籍、44％が家庭等で育っていることになる。内訳を見ると、0歳児では8％が保育所、92％が家庭等で育ち、1～2歳児では27％が保育所、73％が家庭等で育っている。3歳未満児は、家庭で育っているケースが圧倒的に多いことがわかる。3歳児になると、保育所が40％、幼稚園が39％、家庭等が22％で、4歳児以上は保育所40％、幼稚園56％、家庭等4％となる。4歳児以上では、ほとんどの幼児が、保育所や幼稚園に在籍することになるが、0～2歳の低年齢乳幼児は大多数が地域の中で、自宅で育っている。

低年齢乳幼児が家庭で育つことは、かつてはごく普通の、当然の姿として認識されていた。しかし、少子化、核家族化が進み、また、女性（母親）の社会進出が一般化している今日では、育児の孤立化や、育児不安を招きやすい等、乳幼児の健全育成を考える上での大きな要素となっている。

　一方で小中学生には、どのような生活実態が見られるだろうか。

　『平成19年度文部科学白書』［文部科学省編2007］によると、内閣府の行った2007（平成19）年2月の「低年齢少年の生活と意識に関する調査報告書」の結果では、「自分に自信がある」と答えた児童の割合が小学生も中学生も1999（平成11）年の調査に比べて低下（小学生56.4％→47.4％、中学生41.1％→29.0％）していること、中学生では「勉強や進学について悩みや心配事がある」（46.7％→61.2％）、「友達や仲間のことで悩みや心配事がある」（8.1％→20.0％）との回答が、1995（平成7）年11月の調査に比べいずれも増加していることが示されている。子どもの心の健全な育ちに関して、子どもを取り巻く環境の変化、家庭や地域社会の教育力の低下、体験の減少等が問題点として現状認識されている。

　体力、健康保持の点を見ると、例えば子どもの死亡率の国際比較では、2006年の日本の乳児死亡率の低さは、出生1000に対し2.6と世界のトップクラスである。乳児に限らずわが国の児童の死亡率は全体として低下傾向にあり、身長、体重等の体格の向上も見られる。しかしその一方で、50m走やソフトボール投げ等の体力、運動能力には低下が見られる。「外遊びやスポーツを軽視する国民の意識」「都市化、生活の利便化等の生活環境の変化」「睡眠や食生活等の子どもの生活習慣の乱れ」等がその原因として取り上げられている。

　また、従来見られなかった「からだのおかしさ」が問題視されるようになっている。「子どもの体の調査2000」（日本体育大学学校体育研究室、2000年）によれば、小、中、高校生に共通してみられる体の変化は、アレルギーや「すぐ疲れたと言う」等が上位に入ってきており、こうした「からだのおかしさ」の一因として子どもたちの生活実態の変化が懸念されている。規則正しい生活、外での遊びを増やすことによる改善が指摘されている。

2．子どもの心と体の健全育成

『平成19年度　文部科学白書』［文部科学省編2007］では、子どもたちの心と体の現状について以下のように捉えている。

◆心の現状：心の活力が弱っている傾向の指摘
　　　　　：生命尊重の心の不十分さ・自尊感情（自分自身に対する肯定的イメージ　＊監修者注）の乏(とぼ)しさ
　　　　　：基本的な生活習慣の未確立・自制心や規範意識の低下
　　　　　：人間関係を形成する力の低下

同白書では、これらの課題に対し学校、家庭、地域等が共に協力して社会全体で取り組む対策が必要であるとしている。学校教育における道徳教育の充実と同時に、地域の大人や子どもたちとの交流、自然体験、職場体験、奉仕活動等の体験活動の重要性等にも注目している。

◆体力の現状：1985年との比較による体力運動能力の低下

運動能力向上に向けてもさまざまな取り組みが行われている。子どもたちが身近に運動やスポーツに親しむことができる総合型地域スポーツクラブの育成や、食生活の望ましい生活習慣の育成等である。

子どもの心と体が健やかに育つための、基本的生活習慣、生活能力、情操(じょうそう)、基本的倫理観、自立心自制心等は、家庭で培われる部分が大きい。子どもたちにこれらの力が弱くなっている一因には、家庭の教育力の低下が挙げられるとして、文部科学省はきめ細かな家庭教育支援として、次のような取り組みを実施している。

①家庭教育に関する学習機会の提供（子育て講座・父親学級・シンポジウム等）
②家庭教育情報の提供（家庭教育手帳・インターネットや携帯電話等IT活用による情報提供等）
③子どもの基本的生活習慣の育成に向けた取り組み（「早寝早起き朝ごはん」国民運動等）

また、地域の教育力を高めるための施策の1つとして、子どもの安全安心

な居場所作りが挙げられる。放課後の子どもの居場所として、地域のすべての子どもを対象とする、放課後子ども教室推進事業・地域子ども教室推進事業（文部科学省）・共働き家庭の子どもを対象とする放課後児童健全育成事業（厚生労働省）等がある。地域のボランティアの協力も得ながら、地域ぐるみで行う子どもの健全育成への取り組みである。

3．地域の教育力を豊かにする

児童一般をより健全に育成するための健全育成施策は、「児童厚生施設」「地域組織活動」「放課後児童健全育成事業」「社会保障審議会の推薦児童福祉文化財」「児童福祉文化財普及活動」「こどもの国」「こどもの城」等の事業として児童福祉行政に体系付けられている。

2007（平成19）年2月内閣府による「低年齢少年の生活と意識に関する調査」では、「子どもの安全を守り、安心して育てていくために何が大切か」との問いに対し、59.3%の保護者が「地域住民が互いに力を出し合うべきだ」と答えている。次いで、「親が守るべき」（24.9%）、「国や自治体が対策を講じるべき」（14.4%）と続く。家庭の教育力の向上とともに、地域の教育力の充実が求められているといえる。

国や自治体による施策の中では、児童厚生施設をはじめさまざまな健全育成事業や活動が展開されている。これらの活動と学校や地域住民の連携のもとに、地域の子どもの健全育成が期待されている。

第2節　児童健全育成施策

児童健全育成施策は、「広く一般の家庭にある児童を対象として、児童の可能性を伸ばし、身体的、精神的、社会的に健全な人間形成に資するため、

生活環境条件の整備、児童とその家庭に対する相談援助等を行う」[児童手当制度研究会監修 2006；7] ことを目指しており、既に述べたように、児童厚生施設、放課後児童健全育成事業、地域組織活動、児童福祉文化財普及活動等がある。

1．児童厚生施設

児童厚生施設は、児童福祉法第40条に次のように規定されている。「児童厚生施設は、児童遊園、児童館等児童に健全な遊びを与えて、その健康を増進し、又は情操をゆたかにすることを目的とする施設とする」。児童福祉施設の中で唯一、不特定多数の児童を対象としている。児童遊園は屋外型、児童館は屋内型の施設である。児童館には、児童の遊びを指導する者（児童厚生員）が配置されているが、児童遊園の場合は他の児童厚生施設との兼務、または巡回でもよいことになっている（第4章第2節参照）。

（1）児童館

児童館は18歳未満の児童を対象にした施設である。地域における子どもの健全な育成のために、日常的な遊び場、中高生の居場所、遊びの教室、行事やクラブ活動、乳幼児を持つ親の子育て支援、育児サークルの育成、障がい児とその親の居場所作り、地域ぐるみの児童館祭り等、多様な活動を行っている。少子化、両親の就業による留守宅児童の増加、地域の機能の弱体化等により、児童館の利用ニーズは高まり、設置数も増加傾向にある（図1参照）。

児童館には、集会室、遊戯室、図書室及び便所のほか、必要に応じ映写室（遊戯室その他大きな室を兼ねることができる）を設けることと児童福祉施設最低基準に定められている。児童館はその規模や機能から、小型児童館、児童センター、大型児童館、の3種に大別できる。

小型児童館は、子ども自身によって移動できる範囲内の小地域を対象としており、児童に健全な遊びを与え、健康を増進し、情操を豊かにするばかり

ではなく、母親クラブ、子ども会等の地域組織活動の育成助長も図る等、児童の健全育成に関わる総合的機能を持つものである。

児童センターは、小型児童館の機能に加えて、遊びを主とする運動を通した健康や体力作りを目的とした体力増進指導の機能を持つものである。必要に応じて年長児童（中・高生）に対する育成機能も備えている。1978（昭和53）年に設置されて以来、児童の体力低下が続く現在、児童センターの役割は重要視されている。

大型児童館は、都道府県内または広域の児童を対象として、小型児童館及び児童センターの機能に加え、多様なニーズに対応できる機能を持つ。A型、B型、C型の3種にさらに類型できる。A型児童館は、児童センターの機能に加えて、市町村の児童厚生施設の指導、並びに児童厚生員及びアルバイトの育成、連絡調整等、中枢的な役割を果たす機能を持つものである。B型児

図1　児童館・児童遊園数の推移

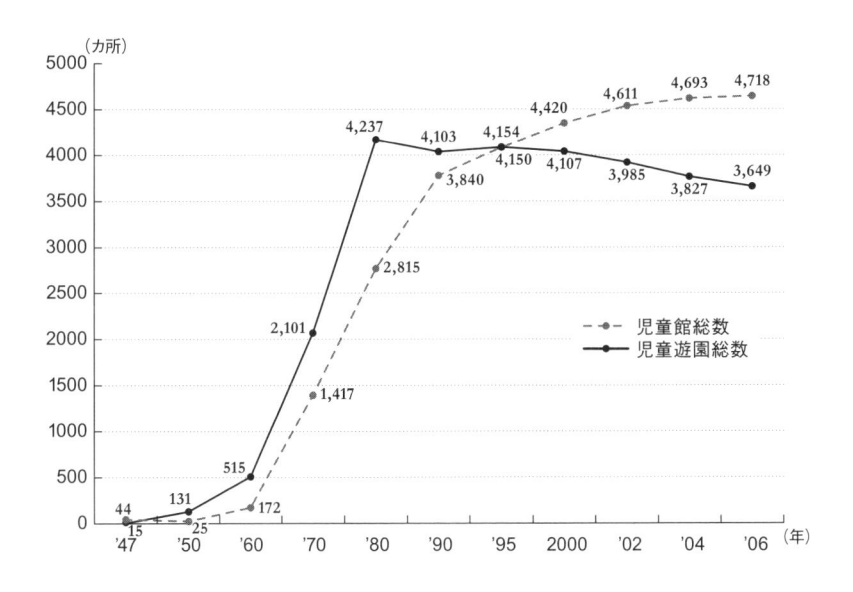

出所：[子ども未来財団編 2008] をもとに作成

童館は、小型児童館の機能に加えて、宿泊しながら、野外活動が行える機能を持つものである。Ｃ型児童館は、広域を対象として、劇場、ギャラリー、屋内プール、コンピュータプレイルーム等が附設された、芸術、運動、科学等の多様な児童のニーズに総合的に対応できる機能を持つものである。

（２）児童遊園

都市公園法施行令に規定された「街区公園」と相互に補完的な機能を持つ公園である。幼児や小学校低学年の子どもを主たる対象としている。繁華街、工場地帯、交通量の多い地域等、児童の遊び場が不足している地域に優先的に設置されている。また、児童遊園は地域児童の健全育成ばかりではなく、子ども会、母親クラブ等地域組織活動を育成・助長する拠点としての機能も併せ持っている。児童遊園には、広場、ブランコ及び便所のほかに必要に応じて砂場、滑り台を設けることと、児童福祉施設最低基準に定められている。

近年、箱型ブランコによる事故等の安全対策上の問題や、少子化による利用者の減少や、子どもの生活スタイルの変容に伴う外遊びの機会の減少、そして不況による財政難等により、1997年をピークに児童遊園の設置数は減少傾向にある（図１参照）。

２．放課後児童健全育成事業

「学童保育」あるいは「学童クラブ」の名称で呼ばれている事業のことである。1997（平成９）年に改正された児童福祉法の第６条の２第２項には、「小学校に就学しているおおむね十歳未満の児童であつて、その保護者が労働等により昼間家庭にいないものに、政令で定める基準に従い、授業の終了後に児童厚生施設等の施設を利用して適切な遊び及び生活の場を与えて、その健全な育成を図る事業をいう」と規定している。

この事業の運営主体は、地方自治体、公社や社会福祉協議会、地域運営委員会（学校長、自治会長、民生・児童委員といった地域の役職者と父母会の代表

等で構成された委員会)、父母会や保護者会、法人等、さまざまである。近年、公立公営の事業が減少し、地域運営委員会や保護者等で作るNPO法人による事業が増えている。開設場所の8割以上が学校の余裕教室、児童館や児童センター内の専用室、公民館、保育所や幼稚園内等の公的施設である。学童保育の年間開設日数の平均は278日で、平日の放課後、土曜日、夏休み等を学童保育で過ごす共働きやひとり親家庭の子どもは、小学校に居る時間よりも長く学童保育で過ごしている。

共働きやひとり親家庭の増加、子どもの安全対策のために学童保育を必要とする家庭は年々増え続けている。全国学童保育連絡協議会が2008年に行った調査により、次のような実態が明らかになった。①学童保育の法制化後の10年間で、学童保育を行う施設数は7800カ所増加し、2008年5月現在、78万6883人の子どもが利用しているが、まだ不足している状況である、②小学校数に対する設置率は7割で、学童保育を実施していない小学校区が少なくない、③保育園を卒園して小学校に入学した子どもの6割しか入所できないでいる、④子どもに負担を強いる大規模な学童保育が激増しており、保護者が入所をためらう、途中で退所するケースも増えている、⑤学童保育を拡充しない(例えば、川崎市、品川区、渋谷区は学童保育を廃止している)市区町村がある。

これらのことから、量的な拡大に留まらず、子どもを安心して通わせることができる質的な拡充が求められているといえる。

3. 地域組織活動

地域における児童を健全に育成することを目的に行われている児童育成組織活動には、母親クラブ、子ども会(次節で詳説する)等がある。

母親クラブは、地域における児童を持つ母親が、子どもたちの健全育成を願い、集団としてボランティア活動を行う組織である。このような組織は昭和初期に誕生したが、母親クラブが提唱されたのは1948(昭和23)年である。

その後旧厚生省・各都道府県・市の関係行政機関・児童厚生施設や財団法人児童健全育成推進財団（旧財団法人東邦生命社会福祉事業団）等の支援を受け、1974（昭和49）年に全国母親クラブ連絡協議会が設立された。しかし、母親を取り巻く社会環境の変化に伴い、母親のみのクラブ運営が困難な状況となり、2002（平成14）年には、全国母親クラブ連絡協議会から、全国地域活動連絡協議会に名称を変更し、地域の児童健全育成に関心があれば、年齢、性別を問わず入会できる組織となった。2007（平成19）年には、2596カ所で13万3223名の会員が活動を行っている。現在は、①子ども同士や親子、祖父母との交流を深めるために、キャンプやハイキング、クリスマス、3世代交流会等のイベント、②子どもたちの健全育成のために、各種講演会、研修会、座談会の開催や、会員自身の資質の向上を目指した活動、③交通安全指導、遊び場の遊具点検、公園の安全点検、夜間パトロール、事故（非行やいじめ等）や犯罪から子どもたちを未然に守る活動、④行政機関や各種団体との連携を密にしながら、広報や児童館祭り、保育園、幼稚園、小学校等への共催等、さまざまな活動が行われている。

4．児童福祉文化財普及等の活動

児童福祉法第8条第7項「児童及び知的障害者の福祉を図るため、芸能、出版物、がん具、遊戯等を推薦し、又はそれらを製作し、興行し、若しくは販売する者等に対し、必要な勧告をすることができる」の規定により、社会保障審議会及び都道府県児童福祉審議会には、児童健全育成に寄与する児童文化財を推薦したり、有害なテレビ番組や出版物、コンピューターソフト、インターネット等については、改善勧告を行う権限が与えられている。2006年度には141の出版物、25の舞台芸術、24の映像・メディアの推薦を社会保障審議会が行っている。児童厚生施設では、これら推薦された児童文化財の中から、特に優れた映画や児童劇を上映、上演する活動を実施している。

第3節　地域社会と子ども

　地域社会における子どもたちの健全育成を目的とした活動組織は「子ども会」「スポーツ少年団」等いくつか挙げることができるが、本節では特に子ども会活動に焦点をあてて述べたい。

　「子ども会」と呼ばれる組織は、組織を主導する基盤によって以下の分類が考えられる。①学校・PTA型（校外生活指導組織として位置付ける）②町内会・自治会型（町内会・自治会の下部組織として位置付ける）③有志・篤志委任型（地域の有志・あるいは篤志家によって成り立つ）④施設・団体型（宗教・福祉機関により成り立つ）［日本教育社会学会編2007］である。以下、③例えば、教育学部等を有する大学等が学生の自主活動サークル等で地域の子どもたちを集め、遊びやキャンプ等を提供する組織や、④ボーイスカウト、ガールスカウト等の活動、あるいは、地元の幼稚園や保育所が卒園児を対象として園庭等を開放し遊び場を提供する活動、等が代表的である。ここでは、①②に該当する地域社会の中の「子ども会」について触れていく。

1．子ども会とは

　「子ども会」とは、小・中学校区等の一定の地域に在住する異年齢の子どもたち（会員）、活動をサポートする指導者、育成者によって構成され、地域の学校、町内会、自治会、児童館等の諸機関、諸集団との連携を保ちながら地域ぐるみで子どもたちの育ちの拠点となる組織である。活動に直接参加する対象年齢は、主に小学生、中学生であるが、地域によっては就学前3年程度の幼児から高校生までを構成員としている場合もある。

　「子ども会」の目的は、異年齢による健全な仲間作りを進め、遊び、スポーツ、文化活動等仲間との活動を共有しながら社会の一員としての必要な

知識、姿勢を学び、子どもたちの心身の成長を促進助長することである。

「子ども会」の具体的な活動内容は、地域によって多様であるが、おおむね以下に列挙した事柄について企画、実施されていることが多い。

　①季節ごとの行事として

　新年会、凧揚げ大会、餅つき大会、ひな祭り、七夕祭り、盆踊り大会、地蔵盆、秋祭り、クリスマス会等。

　②地域の芸能活動として

　歌、人形劇、映画会、音楽会、郷土芸能の伝承や保存（子ども神楽・郷土太鼓・郷土民謡等）。

　③学習会として

　交通安全教室、救急救命教室、グループ勉強会、植物昆虫採取観察会、子ども会農園等。

　④ボランティア活動として

　福祉施設等の訪問、地域の公園・道路の清掃等。

　⑤スポーツ活動

　ラジオ体操、ドッジボール、ソフトボール、キックベース、サッカー、卓球、野球、バレーボール、キャンプ、オリエンテーリング、ハイキング、海水浴、水泳、地域の運動会等。

　⑥廃品・古紙回収（保護者、育成者活動）：活動費助成事業

　子ども会活動の中心は、小学生であることが多いが、異年齢集団の特徴を活かし、中学生や高校生がジュニアリーダーとして例会や行事等を企画し、会の運営を手伝うケースもある。また、中学生、高校生を対象にジュニアリーダーの養成講座を実施している地域もある。

2．子ども会の系譜

　今日の「子ども会」は、終戦を境に急増した青少年の犯罪・非行の防止策の１つとして位置付けられたところから始まっている。1946（昭和21）年10

月7日文部省が各地方長官にあてた「青少年不良防止対策要綱」通達において示した「地域において実施すべき施設（事業の意）」また、同年10月9日社会教育局長から出された「児童愛護班結成活動に関する通知」が結成の契機となった。

また、1947（昭和22）年3月には小・中学校の「PTA組織」の結成の機運と相まって子どもたちの学校外での育成事業「子どもクラブ」の成立が推進され、さらに、同年12月に公布された児童福祉法により「児童指導班結成及び運営要綱」が作成され、「子ども会」の結成促進方法が指示された［全国子ども会連合会編2007］。

当初、子どもの自主活動組織としての健全育成施策は、当時の文部省の社会教育行政と厚生省の児童福祉行政の2つの系譜から成立し発展したが、昭和30年代後半には、「子ども会」に統一され、活動は統合され展開されるに至った。

今日、全国の「子ども会」は、地方行政の各管轄によって子どもの健全育成事業として位置付けられているが、行政所轄は、地域によって教育委員会と社会福祉協議会に分かれている。

「子ども会」運営を直接的に統括している組織として「社団法人全国子ども会連合会」がある。この組織は、1965（昭和40）年に「子ども会」の全国組織、「全国子ども会連合会」として結成（単位子ども会の代表者会員）され、1968（昭和43）年には全国の子ども会関係者の組織として都道府県・指定都市の子ども会連合組織の代表者を社員とする「社団法人全国子ども会連合会」となって現在に至り、全国の子ども会のサポート組織として運営されている。

3．子ども会の現状

現在の「子ども会」の会員の参加方式は、一定地域に在住する子ども全員が加入する全員加入方式と希望者のみが加入する任意方式がある。しかしながら少子化社会が進み、全国的に子ども人口が減少傾向に転じ始めている昨今、子ども会の規模は**図2**（次頁）に見られるように確実に縮小傾向にある。

図2 子ども会数の推移

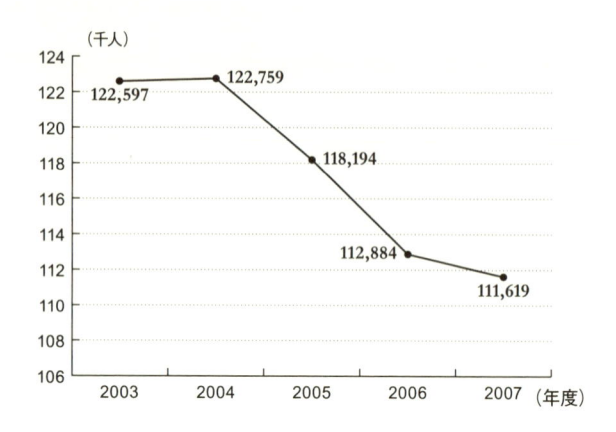

```
(千人)
124
       122,759
122 122,597●────●
120
118          ●118,194
116
114
112              ●112,884
110                    ●111,619
108
106
   2003 2004 2005 2006 2007 (年度)
```

出所：〔全国子ども会連合会編 2005；2006；2007〕をもとに作成

　しかし、総数が減少に転じたといって子ども会自体の求心力が衰微したといいきることはできない。

　例えば、**図3**に見られる全国の子ども会加入会員率（〔小学生子ども会員数＋中学生子ども会員数〕／〔就学児童数（小学生）＋就学生徒数（中学生）〕）を見てみると鹿児島、佐賀、石川、長野、群馬、岐阜、福井等では70％近くの児童生徒が子ども会に関わっているという結果になっている。これは前述したように子ども会への参加方式の違いから現れる結果の１つともいえるが、加入率の高い地域の子ども会は、ある程度活発に活動しており、行政も地域育成事業に積極的である可能性が高い。

　一方、確かに加入率が低い都市もある。例えば、東京、茨城、沖縄、神奈川、千葉、大分等である。

　中でも東京は８％と最低で、その他の地域は、いずれも15％程度の加入率にとどまっている。ことに、東京、神奈川、千葉等は、児童、生徒人口が多いにもかかわらず*、極端に子ども会加入率が低い。これらの都市は、地方都市からの人口流入によって人口が集中している地域であり、比較的新しい

図3　子ども会加入会員率

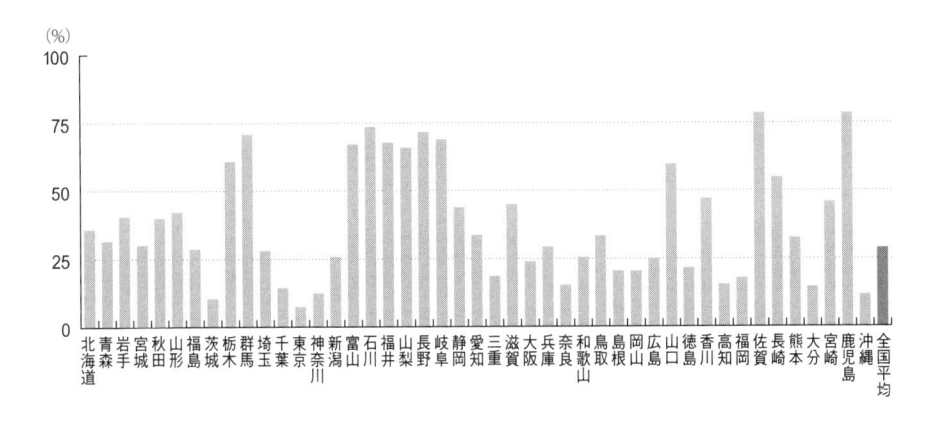

出所：［全国子ども会連合会編2007］をもとに作成

生活圏が形成されている場合も少なくない。こうした大都市圏では、近隣との関係性も希薄になりがちで、町内会や自治会等の組織作りが困難になったといわれて久しい。このような大人同士のコミュニティ作りの難しさは、少子化に相乗する形で地域ぐるみの子育てを弱体化させている一因になっているといわざるを得ない。

＊2007年度就学児童数（小学生）＋就学生徒数（中学生）
　東京：89万2931人　神奈川：70万9975人　千葉：49万9390人

4．地域の中の'育ち'とは

最後に現在20歳代の若者の「子ども会」体験談を紹介したい。

　私は、母が子ども会のお手伝いをしていたこともあり、小学校1年生から6年生まですべての子ども会活動に参加していました。はねつき大会をしたり、

お汁粉を食べたり、焼き芋を焼いたり、ラジオ体操や泊まりがけのハイキングに行ったり、多くのことを経験しました。中学生になるとお泊まり会に参加し、リーダーとして子どもたちを寝かせつけたり、食事の手伝いをしました。その関係で現在も子ども会のお祭りで焼き鳥を焼いたり、小学校で水泳指導をしています。（A.S.）

　私は、1年生から2年生ごろの活動を覚えています。2〜3カ所の子ども会が集まり、各子ども会ごとにチームになって学校とは別に運動会がありました。この運動会では、おじいちゃん、おばあちゃん、お父さん、お母さんも一緒に参加して取り組むものが多くあり、参加するとお菓子を貰えたりするので学校の運動会より数倍楽しかった記憶があります。（T.O.）

　彼女たちの中に残る記憶は、10年以上経た現在でもなお、健やかに息づいており、当時の子どもたちばかりではなく、世代を問わない地域の住民の笑顔や歓声が手に取るように蘇るのである。地域で支え合い、育ち合うのは子どもたちだけではない。
　子どもたちの声にまぎれながら、子どもたちと共に多くの発見をしていくことが「楽しい」と思える社会にしてこそ日本の未来があるのではないだろうか。そのためにも地域の育ち合いの重要性を看過してはならない。

〔参考文献〕

奥村美枝「今昔子ども会事情──子どもの成長に出会うからこそ報われる」日本子どもを守る会編『子どものしあわせ』草土文化、2007年

教育アンケート調査年鑑編集委員会編『教育アンケート調査年鑑（2008年版　上・下）』創育社、2008年

厚生統計協会編『国民の福祉の動向』厚生統計協会、2008年

子どものからだと心・連絡会議編『子どものからだと心白書（2008）』子どものからだと心・連絡会議、2008年

子ども未来財団編（厚生省児童家庭局監修）『目で見る児童福祉』新日本法規出版、2008年

児童健全育成推進財団編『児童館──理論と実際　ENCYCLOPEDIA』児童健全育成推進財団、2007年

児童手当制度研究会監修『児童健全育成ハンドブック』（平成18年度版）中央法規出版、2006年

全国子ども会連合会編『子ども会白書』（2005〜2007年版）社団法人全国子ども会連合会、2005〜2007年

全国保育団体合同研究集会実行委員会編『保育白書（2008年版）』ちいさいなかま社、2008年

日本教育社会学会編『新教育社会学辞典』東洋館出版社、1986年

日本子どもを守る会編『子ども白書（2008年度版）』草土文化、2008年

日本子どもを守る会編『子ども白書（2007年度版）』草土文化、2007年

日本総合愛育研究所編『日本子ども資料年鑑』KTC中央出版、2009年

文部科学省編『平成19年度　文部科学白書』財務省印刷局、2007年

林邦雄監修（谷田貝公昭責任編集）『図解子ども事典』一藝社、2005年

社団法人全国子ども会連合会（http://www.kodomo-kai.or.jp/）

第9章

障がいのある子ども

藤田久美

第1節　障がいのある子どもの理解

1．障がいを捉える視点

　近年では、「障がい」による困難は、周囲の環境との相互作用で捉えられ、周囲の環境を変えることで、その人が活動に参加することができ、社会参加の幅が拡がっていくという考え方が広まっている。
　そのことについて、障がいのある子どもの受け入れをしたある幼稚園のエピソードをもとに考えてみたい。
　ひまわり幼稚園（仮名）に下肢に障がいのある4歳の子どもの母親から入園希望があったため、入園までの準備期間に、母親との面接や本人の体験入園等を行い、幼稚園でどのような支援を行うことができるか考えた。幼稚園教諭らの一番の心配は、幼稚園内の物理的「障壁（バリア）」であった。園児の部屋、プレイルーム、トイレ等の段差もあり、バギー（障がい児用の車いす）のままの移動は困難な状況であった。また、プレイルームや年長の部屋は2階にあり、エレベーター等の装備がなかったこと等、多くのバリアがあった。やすおくんは、言葉の理解はあったが言葉の表出がうまくいかず、コミュニケーションが難しい様子だった。年少時から仲間関係ができているクラスになじめるのか、他児とのコミュニケーションがうまくいくのか等、多くの不安要素があったという。しかし、実際に入園してみると、幼稚園教諭や同じクラスの園児がバギーでの移動やトイレの介助、あるいは、2階に上る時の手助けを協力して行うことで、やすおくんにとっての物理的バリアは取り除かれていった。子どもたちの心にはバリアはなく、クラスの友人たちはやすおくんと共に園生活を送ることを通して、やすおくんとのやりとりや心の交流が自然にできてきたという。
　子どもを支援する保育や教育の場において、障がいがあることがわかると、

その「障がい」だけに目を取られ、子どもの全体像が見えなくなることもある。やすおくんの例のように、周囲の視点や関わりによってその子の障がいの状態が大きく変わるという視点を持つことが障がいのある子どもの発達を支える上で重要なことである。

2．障がいのある子どもの生活

　障がいのある子どもの理解を深めるために、2人の子どもの生活の様子を紹介する。

　【たかしくん（4歳・脳性麻痺）】
　たかしくんは生まれた時に「脳性麻痺」と診断された。四肢に障がいがあり、バギーがたかしくんの足の代わりになっている。言語障がいもあり、話はまだできないが、「ごはん食べる？」「おふろに入るよ」等、生活の中でよく使う言葉は理解している。筋肉の緊張があり、週1回は医療現場でPT（理学療法士）の療育を受けている。その他、週5回は障がい児通園施設の肢体不自由児のクラスで集団保育・療育を受けている。音楽が大好きでピアノや太鼓の音に合わせて体を揺らすことができる。家でもCDを聴くことやお母さんの歌を聴くことが好きで時々「あー」「うー」と声をあげながら歌っているという。

　【ゆうこちゃん（4歳・ダウン症）】
　ゆうこちゃんは生後すぐに心臓の奇形及びダウン症との診断があった。心臓の手術は3歳の時に行い成功し、幸い、その後も元気に大きくなっている。両親は長い間子どもを授からなかったこともあり、ゆうこちゃんを「神からの授かりもの」と言ってかわいがっている。家では、おままごと遊びやお絵描きが大好きで、お手伝いもする。今春から地域の幼稚園に通うようになり、言葉の発達も見られおしゃべりも上手になり自己主張をするようになった。

また、地域の小学校にある幼児の言葉の教室に通い、言葉や認知を中心とした療育を受けているが、そこに通うことも楽しみのようである。母親は、大きくなるにつれて、同年代の子どもと差が出てくることや、将来、結婚や就職等、普通の女の子として暮らせるかどうかが心配であるという。しかし、ゆうこちゃんの笑顔を見ることや成長を見ることが子育ての喜びになっているので、今の子育てを楽しみたいと語る。

　たかしくんもゆうこちゃんも4歳である。健常の子どもの生活とはどこが違うか考えてみよう。身体が不自由なことや言葉の遅れがあること、あるいは専門機関に通っていることだろうか。きっと多くの「違い」が見つかるだろう。しかし現実には、この状況が、今のたかしくんとゆうこちゃんのありのままの生きる姿である。そして、その状況を受け止めつつ子どもの育ちを支えながら共に生きる家族がいる。障がいのある子どもと家族の生きる姿やその現状を知ることで障がいのある子どもの理解を深めてほしい。

3．障がいのある子どもの理解

　障がいのある子どもを理解するために、その子どもの障がい名や診断名をどのような理解したらよいか考えてみたい。障がいのある子どもには、子どもの状態像や困難であることをもとにして「診断名」がある場合がほとんどである。その子の抱えている障がいの病理や基本的な特性を知ることは大切であり、障がいの状態を把握して、その子どもの発達の特性を知り生活をサポートするといった視点も必要になってくる。

　しかし、障がいの種別や子ども一人ひとりが持っている状態像はさまざまである。症状が同じ子どもは誰一人いない。例えば、「自閉症」と診断されていても、特性の現れ方や発達はそれぞれ異なる。「脳性麻痺」や「知的障がい」等障がい名は同じでも一人ひとりが抱えている障がいの程度や生活の中での困難さ、発達の状態は多種多様であることを理解しなければならない。

第2節　障がいのある子どもの育ちを支える

1．障がいのある子どもの育つ場

　障がいの診断が医師によるものであるため、多くの子どもは医療につながり、そこから福祉、保健、教育等の専門機関で何らかの療育サービスを受けている場合が多い。障がいの早期発見・早期療育の必要性が叫ばれ、1歳6カ月健診や3歳児健診等の乳幼児健診後のフォローアップ体制も整備され、早期から専門家の介入・支援が行われるようになっている。学齢期前の障がいのある子どもの保育は、障がいのある乳幼児を対象にした児童福祉施設や児童デイサービス、特別支援学校の幼稚部での保育・教育、一般の保育所・幼稚園で実施される。これらの利用は、障がいの種別や個々の障がいの程度、発達の状況、保護者の希望等が配慮された上で決定される。

　近年ではノーマライゼーション（normalization）の理念の浸透により、地域の保育所・幼稚園の受け入れも拡大し、健常児の子どもたちと共に保育サービスを受けている場合もある。また、これらと障がい児の専門機関の両方を利用する子どもも増加傾向にある。

2．障がいのある子どもの育ちを支える

　次に、障がいのある子どもを育てる専門施設と幼稚園のエピソードを紹介し、障がいのある子どもの育ちを支えることについて考えてみよう。

【まことくん（4歳・自閉症、知的障害児通園施設）】
　自閉症のまことくんは2歳の時に知的障害児通園施設であるA発達支援センターに入園した。クラスは5人の自閉症の子どもと1人の知的障がいの子

どもの6人クラスである。育士2名と児童指導員1名が担当した。

　入園したころのまことくんは、集団活動が苦手で1つの遊びにこだわる子どもであった。人と関わることが苦手で話しかける言葉も理解できなかった。保育士らは、具体物やコミュニケーションカード等を用いて、言葉だけではなく視覚的な支援を用いながらまことくんにとってわかりやすい伝え方を考え実践した。また、まことくんは、手先が器用でパズルや型はめ等が得意だったので個別療育の時間に手先を使った課題学習を取り入れた。生活面では、基本的生活習慣の確立に向けて、着替え、歯磨き、食事等の場面できめ細やかな個別の支援が行われた。例えば、歯磨きでは、昼食とおやつの後に、歯の磨き方の手順カードを用いて、保育士と1対1で歯の磨き方の練習をした。集団遊びの参加の方法については、まことくんの調子に合わせながら少しずつ参加が可能になるように試みていった。お集まりの時間にパニックになったり、大声を張りあげたりすることがあったので、カンファレンスで検討し、プログラムを絵本式のカードで示し活動の流れややることを見て理解できるようにした。その結果パニックになることも少なくなっていった。今では、活動の流れがわかるような工夫をすることで、音楽や運動遊びの集団活動の際に、順番が守れたり、友達と共に電車ごっこ遊びに取り組む姿が見られるようになってきている。

　毎日の保育・療育活動を通して、まことくんのできることが増え、遊びの幅が拡がっている。最近では、「トランポリンする」等の二語文で要求を伝えられるようになった。

【みゆきちゃん（6歳・ダウン症、保育所）】

　3年保育で入園してきたみゆきちゃんは現在年長である。言語発達に遅れが見られるものの、社会性があり人と関わることが好きで、歌を歌うことが得意な女の子である。年少の頃は、言葉の遅れもあり、友人と一緒に遊ぶことが難しく保育者と一緒に過ごしたり、保育者が媒介役になって友人とやりとりしたりすることが多かった。また、園生活に慣れず、恥ずかしがり屋で

当番活動の時に一人で前に出ることもできなかった。お遊戯(ゆうぎ)や集団活動も保育者がそばにいないと参加できなかった。保育者は、みゆきちゃんが自信を持って活動に参加できるよう生活のあらゆる場面で励まし、支えていった。みゆきちゃんが少しでも活動に参加できた時は、保育者が褒(ほ)めたり共に喜んだりした。また、少人数の友人と一緒に活動する機会を意図的に与えて、友達と共に遊ぶことや活動する喜びが味わえるような支援を試みた。このような支援を通して、次第にみゆきちゃんに積極性が出てきた。また、友人との関わりが増加したこともあり、年中になってからの言葉の発達がめざましく、語彙(ごい)レパートリーが増えていった。保育者は、みゆきちゃんの興味のある絵本や絵カードを使って、みゆきちゃんとやりとりしながら言葉の遊びを楽しんだ。また、折り紙や工作活動に取り組んで、手先も器用になっていった。年長になった今では、当番活動も自信を持って行えるようになった。さらに、友人と一緒にままごとや外遊びを楽しむ場面が見られるようになった。

　２つのエピソードから障がいのある子どもの育ちを支えるためにはどのようなことが大切なのか考えてみたい。
　まことくんの例では、自閉症という障がいの特性を理解し、視覚的な支援や興味・関心に合わせた個別療育を導入することで、安心して過ごせる保育環境が整備されていることがわかる。パニック等のまことくんの行動から、心の訴えを感じ取り、どのような支援をしたら、まことくんにとってより良い方法になるかを考えることで、具体的な支援を行うことができた例である。このような支援があったから、まことくんが安心して活動に参加することができ、できることが増えていったと思われる。また、歯磨き等の清潔面、着脱衣、食事、排泄(はいせつ)等の基本的生活習慣を確立させるために、きめ細やかな支援をすることで、子どもの生活する力が形成される。障がいのある子どもの育つ場で、このような支援は将来の自立を目指すために必要不可欠な取り組みでもある。
　みゆきちゃんのエピソードでは、保育者との１対１の関わりの中で保育者

との信頼関係が構築されて、保育者と共に活動に参加する気持ちが生まれてきたと考えられる。また、保育者が媒介役となることで、友達と遊ぶ楽しさを経験したことやできたことを褒められながら、信頼ある保育者に自分の気持ちを共感してもらう経験を積み重ねることで、次第に自信を持って保育所の生活を送ることができるようになったと考えられる。みゆきちゃんに積極性が出てくることで、友達と関わって遊ぶ機会が多くなり、人と関わる力が形成された。そのことが、言語やコミュニケーションの発達にも影響したのであろう。

　障がいのある子どもの育ちを支えるためには、その子どもの障がいの特性や発達の段階にあった支援が必要である。そのためには、子どもに関わる支援者が子どもの状態を把握し、その子どもにあった支援を行うことが重要である。

3．障がいのある子どもを含む保育

　ノーマライゼーションの浸透により、障がいのある子どもが地域の幼稚園や保育所を利用し、健常の子どもと共に育つ保育実践が行われるようになっている。みゆきちゃんのエピソードのように地域の保育所で障がいのある子どもを受け入れることも少なくない。

　保育所保育指針や幼稚園教育要領においても、障がい児保育の実施について明記されており、それらをまとめると以下のように整理されるであろう。

①障がいのある子どもの発達支援を行う場であり、個々の発達特性や障がい特性に合った保育が実施されること。

②健常児と障がい児の関わる場を創造し、相互の交流を促し、相互理解を深めること。

③障がいのある子どもの保護者の支援を行い、保護者の就労を保障することや子育てに関する悩みや戸惑いを軽減するために、緊密な連携を行うこと。

④他機関・他職種との連携の実現を目指し、保育の場で実施できる支援を行うこと。

　このように謳(うた)われているが、実際の保育現場では他の子どもたちと一緒に保育することの難しさを訴える保育者も多い。これまでの保育の知識・技術だけでは、多種多様の障がい児を支援することが難しいという声もあるのが現実である。そのような声をまとめると、①障がいの特性に合わせた支援の難しさ②健常児との関わりを支援することの困難さ③集団保育の中での個別支援が充実しないこと④保護者との信頼関係を築くことの難しさ④他の保護者への理解の促進をどのようにしていくか、等が挙げられる。

　保育の場における課題を解決するためには、一人ひとりの子どもを大切にした保育の理念をもとにしつつ、障がいのある子どもを含む保育実践のあり方を園全体で考えながら、専門機関との連携をどのように構築していくのかといったことを検討しくことで１つひとつの課題を改善していくことが必要である。

4．幼稚園・保育所で共に育つこと

　子どもにとって初めての集団生活を営む場が幼稚園・保育所である。ここは、子どもたちにとって多様な人との出会いの場となる。ここでは、幼稚園や保育所で障がいのある子どもと健常の子どもが共に育つことの意義についてエピソードをもとに考えてみたい。

　　【ゆうきくん（ダウン症）と共に】
　さくら幼稚園（仮名）年中クラスの子どもたちは23人であるが、ダウン症の診断名を持つゆうきくんと身体の右側に麻痺があるみゆきちゃんが在籍している。この園では、自由に遊ぶ時間を通して友達同士が関わりを深めていくことができるような保育環境を工夫している。障がいのある子どももない子どももこのような環境の中で育ちあっているのである。障がいのある子ど

もにはその子どもの発達段階や障がいの状況に合わせた個別的な配慮も行っており、専門機関との連携もある。クラスの担任である幼稚園教諭は「子どもたちの心にはバリアはなく、けんかも遊びも対等です」と語る。

　【あすかちゃん（自閉症）と共に】
　中程度の知的障がいを持つ自閉症のあすかちゃんはたんぽぽ保育所（仮名）で、2年間育った。あすかちゃんは友達の方から手をつながれることや大きい声で話しかけられることやざわざわした雰囲気が苦手で入園の頃パニックになっていたという。あすかちゃんは、保育者が作ってくれた専用の座布団で大好きな食べ物のカードや料理の本を見てくつろぐことが心地良い時間であったようである。
　周囲の子どもたちは自然にあすかちゃんのことを理解していったという。みんなと一緒に遊ぶことがあまり好きではないこと、友達からからかわれるのが苦手なこと、食べ物の名前はたくさん知っていること、給食の準備の時間になると園庭のジャングルジムの上に逃げていること等、あすかちゃんのことをまるごと知って関わっているクラスの子どもたちの姿があった。あすかちゃんの母親は「あすかがあすかのままであすからしく生きることを認めてもらった空間」と表現する。担任だった保育者は「言葉で説明しなくても子どもたちは心のレベルで感じて他者を理解することができる」と語る。

　保育の場で共に遊び、生活することを通して、関わりあい、刺激しあい、支えあい、共に学ぶ。保育の場には、楽しく喜びを持って参加できる環境が構成されている。その環境の中で、子どもが個々の思いや願い等を表現し、他者と心を通い合わせ、他者への理解を深めるさまざまな出来事が毎日のようにあるだろう。また、自分と違う他者に出会い、その他者理解を深めていく経験をするだろう。このような子どもの育ち合う姿を見守り、支援する保育者自身も、子どもとの具体的な関わりを通してこの場で共に育つのである。
　障がいのある子どもの保育は、障がいのある子どもの育ちを支えていく保

育者、周囲の子どもたち、その保護者、さまざまな人に影響を与える。お互いを知り、具体的な関わりを通して学び合う姿がある。このような障がい児と健常児が共に育つ保育の場は、真の意味でノーマライゼーションの具体的な実践が展開されている場ともいえよう。

5．障がいのある子どもに関わる保育者の役割

　障がいのある子どもの保育は、さまざまな発達や障がいの特性理解等高い専門性が問われる。保育者はこれまでの保育経験や健常の子どもたちへの保育方法がうまく機能しないといった場面が多くなり、葛藤や困難に出会うことは少なくない。

　障がい児保育に携わったことのある経験者からは「障がいのある子どもとの出会いを通して保育者として成長できた」と振り返ることが多い。それは、子どもを理解する過程において、一人の子どもに丁寧に関わることや子どもの心に寄り添うことの大切さを知るからであろう。

　また、保育実践という日々の子どもとの関わりを通して、保育者が振り返る場が与えられ、そのことによって成長する機会が多くあることを意味している。

　一方、障がいのある子どもにとっても保育者との出会いは大きな意味を持つ。乳幼児期は人として育つ基礎を培う時期であり、この頃の発達を支える保育者の役割は大きい。子どもが安心して喜びに満ちた日々を過ごせるように保育者は保育の環境を構成し、そこで育つ子どもを支えているのである。

　保育の場で、遊びや人との関わりを通して楽しい体験を積み重ねることや新たな課題にチャレンジする機会を与えられることにより、子どもの育ちが促される。人と関わることの楽しさや心地よさを体験することにより、人と関わる力が形成される。さまざまな活動を通して、心が動く体験を通して感性が磨かれ、表現力が培われる。日々の保育の中で、保育者に支えられながら、生きていくための技術や知恵を習得することにより、基本的生活習慣が

確立し、生活する力が形成される。

　このように保育の場には子どもの育つ要素があふれている。ここで、子ども一人ひとりの発達の状況や障がいの特性に合わせた支援が実現され、子どもの持つ可能性を最大限に発揮できるように支援することが重要である。

　また、保育者との信頼関係による絆(きずな)は、子どもの内面を支える。保育の専門性である「子どもを理解すること」の原点に立ち、目の前の子どもと良好な関係を構築することによって、子どもの存在価値は輝く。信頼ある保育者との関係の中で多くの体験を積み重ねることが可能になる。

　近年では、一人ひとりの子どもの発達特性やニーズに合わせた支援が行われるように、保育技術が見直され、より高い専門性が求められるようになっている。障がいのある子どもの保育は、保育の専門性を追求する上での原点といっても過言ではないだろう。一人ひとりの子どもを理解し、その子どもに合わせた適切な関わりや環境を構成していくことは、保育者に課せられた重要な役割ともいえる。

第3節　障がいのある子どもと家族

1. 障がいのある子どもを授かり育てるということ

　障がいのある子どもを授かり、育てていくということについて考えてみたい。以下、ダウン症の母親の言葉である。

　「わが子は生後すぐにダウン症という障がいを持っていることがわかりました。そのことはとてもショックであり、いつも泣いてばかりいました。生まれてから3カ月くらいまでは、子どものことが『かわいい』と思えなかったのです。『何で私の子どもが障がい児なの？　私は何も悪いことをしていないのに』と思う気持ちが消えませんでした。でも、おっぱいを懸命に飲む

姿やにっこり笑う姿、おなかがすいたと大声をあげて泣く姿に接しながら、懸命に生きていることにはっと気づくことがありました。そのように思えるようになったころ、熱を出して痙攣(けいれん)が起こったとき病院にかけこむことになって。そのときに、『死なないで』と泣き叫び、この子を心の底から守ってあげたいと本気で思いました」。

　障がいのある子どもが生まれた家族の障がいの受容についてはさまざまな研究がなされている。代表的なものとして、ドローター（Drotar, et al.）の段階説といわれるものがある。先天性の奇形を持つ子どもの親の心理的な反応の過程を「ショック」「否認」「悲しみと怒り」「適応」「再起」という5つの心理的状況が重層的・段階的に変化していくと表した。この段階は、親のパーソナリティーや周囲のソーシャルサポートの状況、家族の状態等によって変わってくるといわれている。

　ここに紹介した母親も子どもの障がいを受け容れることに時間を要した。しかし、日常の育児を通してさまざまな出来事に出会いながら愛情を育んでいくことが理解できる。親にとって「子どもの障がいを受け容れる」ということは非常に困難なことであると想像できるだろう。日常の育児行為を通して母性を育てつつ、わが子の理解を深めていくことで、母親として何ができるか、どうありたいかを母親自身が自覚していくことができるのだろう。そして、冷静に考えた時、夫をはじめ、両親の愛情を改めて感じつつ、家族で協力しながら子どもを育てていくことの大切さを認識していったのであろう。

　多くの障がい児を診断してきた小児科医師は「親は子どもと共に生活する中で子どもが抱える『障がい』がもたらすさまざまな状態や現象に『折り合い』をつけていくもの。その『過程』の中で親も成長する」と語る。

　子どもを授かることは、親にとって喜びであると同時に育児の営みという新たな作業を与えてくれる。授かった子どもを育てるという育児行動を通して、親として、そして人間として成長することも可能になる。しかし、人が人を育てる過程には、困難や危機を乗り越えなくてはならないことも少なくない。このことは、障がいのあるなしに関係なく、親なら誰もが抱える課題

であろう。障がいのある子どもを授かることは、親にさらに別の課題を投げかけるのである。医師の言葉のように「障がい」がもたらす子どもの症状（歩くことができない、言葉が話せない等）に折り合いをつけながら、その状態をありのままに受けとめつつ、子どもと共にどう生きるかを模索することもあるだろう。そして、その子どもが障がいを抱えながらも幸せな人生を送ることができるように親としてできる最大限のことをしてやろうと努力するであろう。障がいのある子どもを授かることが、その親の人生に深い影響を与えることはいうまでもない。このような家族の心情を理解することも子どもと関わる支援者の役割である。

（2）社会の中の子どもと家族

次に、自閉症の母親の言葉から社会の中で障がいのある子どもと家族がどのように受け入れられ、生活をしているか考えてみよう。

「2歳半のとき『自閉症』と診断されたときはショックで信じられない気持ちでした。障がい児＝ダメな子という私の中の偏見のようなものがあり、ダメな子を産んだ私もダメな親という自責観念におそわれました。人と会うのが嫌になり、自律神経をこわしてしまいました。夫や両親の支えもあり、何とか立ち直ることはできたものの、小学校6年生になった今でも『自分の子どもが障がい児』ということを人に知られたくない気持ちのままでいます。ごく親しい人と学校の先生だけと関わり、その他の人とは関わりを持ちたくないというのが本音です。社会には私のように障がい者に対する差別や偏見を持っている人だらけだからです。自閉症は見た目にはわからないのでなるべく外では『普通に』見えるように努力しているのです」。

母親自身が持つ「差別」や「偏見」の気持ちが表現された言葉である。母親と母親を取り巻く社会の障がい者に向けたまなざしが想像できるだろう。自閉症やアスペルガー症候群、LD（学習障害）、ADHD（注意欠陥多動性障害）等、見た目にわからない障がいのある子どもの親からも、周囲から酷評を受けたり、疎外感を感じたりすることがあるという言葉がよく聞かれる。

周囲の人が「障がい」をどう理解するか。一人ひとりの子どもの尊厳が守られ、幸せに暮らすことのできる社会をどう構築するか。さまざまな障がいが正しく理解され、子どもや家族が社会とつながりながら子育てできるようにするにはどうすればいいか。多くの課題が山積みである。

　ここに紹介した障がいのある子どもの家族の声からもわかるように、障がいのある子どもと家族を取り巻く環境はまだ十分とはいえない。障がいのある子どもを理解し、家族の心情を理解し、個々のニーズに対応していくことが大切であろう。

　冒頭にも述べたように、障がいの困難さやバリアは周囲の環境を変えることで大きく変容する。障がいのある子どもと家族を取り巻く環境をどう整えていくのか。このことは、子どもと家族を支援する者の課題である。

　子どもの支援に関わる者が「障がい」をどう捉えるか。そして、その子どものためにどのような環境を構成していくか。周囲の人との関係をどう構築していくか。あるいは、関わる人が具体的にどのように支援していくか。子どもと家族が関わる社会をどう変革していくのか。

　今後、障がいのある子どもと家族に出会う人が、目の前の子どもと家族の理解を深めながら、具体的な関わりを通して考えていくことが求められるだろう。

〔参考文献〕
　厚生労働省編『保育所保育指針解説書』フレーベル館、2008年
　津守真『保育者の地平――私的体験から普遍に向けて』ミネルヴァ書房、1997年
　文部科学省編『幼稚園教育要領解説――平成20年10月』フレーベル館、2008年
　藤田久美「保育の場における福祉教育――障害児と健常児が共に育つ場から」
　　『山口県立大学社会福祉学部紀要』13号、2007年

第10章

保護を要する子ども

佐久間美智雄

第1節　児童養護

1．社会的養護

　児童福祉法第2条に「国及び地方公共団体は、児童の保護者とともに、児童を心身ともに健やかに育成する責任を負う」とあり、児童憲章（1951〔昭和26〕年5月5日）の2には「すべての児童は、家庭で、正しい愛情と知識と技術をもって育てられ、家庭に恵まれない児童には、これにかわる環境が与えられる」とある。本来、児童は家庭で養育されるものであるが、何らかの理由によりそれが果たせなかった場合、家庭に替わる養育環境が用意されなければならない。これが社会的養護である。

　養護サービスの対象となる児童（要保護児童）は、児童福祉法6条の2第8項に規定する「保護者のいない児童又は保護者に監護させることが不適当であると認められる児童」である。

　保護者のいない児童とは、現に監督保護している保護者がいない児童のことであり、すなわち、保護者が死亡、行方不明、長期入院、長期拘留、家出等で養育する者がいない児童及び保護者に遺棄され養育する者がいない児童のことである。

　また、保護者に監護させることが不適当と認められる児童とは、保護者から放任されていたり虐待を受けている児童、あるいは、保護者の労働または疾病等により必要な監護が受けられない児童のことである。また、児童本人に　非行や心身上の障がいにその主な原因があって保護者に十分な監護が行われない場合も「保護者に監護させることが不適当と認められる児童」にあたる。

　要保護児童の社会的養護システムの体系を示したのが**図1**である。

図1　要保護児童の社会的養護システムの体系

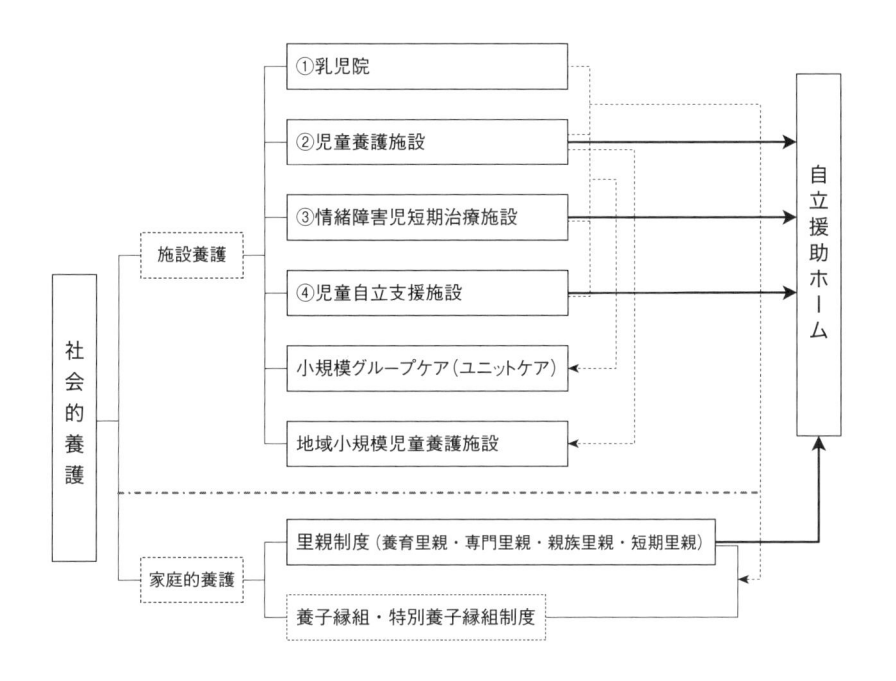

```
                    ┌─ ①乳児院
                    │
                    ├─ ②児童養護施設 ─────────→ ┐
                    │                              │
        ┌─施設養護──┤─ ③情緒障害児短期治療施設 ──→ │自
        │           │                              │立
        │           ├─ ④児童自立支援施設 ─────→  │援
社会的──┤           │                              │助
養護    │           ├─ 小規模グループケア(ユニットケア)←│ホ
        │           │                              │ー
        │           └─ 地域小規模児童養護施設 ←───│ム
        │                                          │
        └─家庭的養護┬─ 里親制度(養育里親・専門里親・親族里親・短期里親)←
                    │
                    └─ 養子縁組・特別養子縁組制度
```

出所：「厚生労働省雇用均等・児童家庭局家庭福祉課発表資料」（2006年）をもとに作成

2．養護問題発生理由

　要保護児童の養護問題の発生理由を厚生労働省「平成19年度　社会的養護施設に関する実態調査」乳児院・児童養護施設・情緒障害児短期治療施設・里親委託児の児童数の割合から見ると、「母の放任・怠だ」「母の行方不明」「母の精神疾患等」といった理由が「母の死亡」「父の死亡」により措置される児童を上回っている。「破産等経済的理由」も上位を占めている（次頁**表1**）。

表1　養護問題発生理由（上位5件）　　　　　　　　　　　　　　　　（複数回答）

施設種別	乳児院	児童養護施設	情緒障害児短期治療施設	児童自立支援施設
内容	①母の精神障害等 ②両親の未婚 ③母の放任・怠だ ④破産等の経済的理由 ⑤母の就労	①母の放任・怠だ ②父母の離婚 ③母の精神障害等 ④母の虐待・酷使 ⑤破産等の経済的理由	①児童の問題による監護困難 ②母の虐待・酷使 ③母の放任・怠だ ④父母の離婚 ⑤母の精神障害等	①児童の問題による監護困難 ②父母の離婚 ③母の放任・怠だ ④父の虐待・酷使 ⑤母の虐待・酷使

出所：厚生労働省社会保障審議会児童部会社会的養護専門委員会配布資料1－1「平成19年度社会的養護施設に関する実態調査」（2007年）をもとに作成

3．養護に欠ける児童の措置

　養護に欠ける児童の措置としては、「都道府県のとるべき措置」として児童福祉法第27条に規定されている。
　　①児童または保護者に対する訓戒及び誓約の提供
　　②児童福祉司、社会福祉主事または児童委員、児童家庭支援センター等への指導の委託
　　③児童福祉施設入所（乳児院、児童養護施設）及び里親による養育・保護の委託
　　④家庭裁判所の審判に付することが適当と認められる児童の家庭裁判所への送致
　児童福祉施設入所（乳児院、児童養護施設）及び里親による養育・保護については、以下に示す通りである。
　乳児院は、児童福祉法第37条に「乳児（保健上、安定した生活環境の確保その他の理由により特に必要のある場合には、幼児を含む。）を入院させて、これを養育し、あわせて退院した者について相談その他の援助を行うことを目的とする施設とする」と規定している。
　児童養護施設は、児童福祉法第41条に「保護者のない児童（乳児を除く。ただし、安定した生活環境の確保その他の理由により特に必要のある場合には、乳児を

表2　社会的養護の現状

委託児童		3424人
乳児院	120カ所	3143人
児童養護施設	559カ所	3万764人
情緒障害児短期治療施設	31カ所	1131人
児童自立支援施設	58カ所	1836人
自立援助ホーム	46カ所	236人

出所：(自立援助ホーム)自立援助ホーム連絡協議会(2007年12月1日現在)発表資料、(その他)厚生労働省「社会福祉施設等調査報告」(2006年10月1日現在)をもとに作成

含む。以下この条において同じ。)、虐待されている児童その他環境上養護を要する児童を入所させて、これを養護し、あわせて退所した者に対する相談その他の自立のための援助を行うことを目的とする施設とする」と規定している。

里親については児童福祉法第6条の3に、「養育里親及び厚生労働省令で定める人数以下の要保護児童を養育することを希望する者であつて、養子縁組によつて養親となることを希望するものその他のこれに類する者として厚生労働省令で定めるもののうち、都道府県知事が第27条第1項第3号(里親委託措置・施設入所措置等　＊筆者注)の規定により児童を委託する者として適当と認めるものをいう」とある。

この里親制度について、2006年度における里親の委託の割合は、社会的養護の利用者全体の8.4%であり、乳児院と児童養護施設を合わせると90%を越える数字と比較しても家庭的な養育の必要性が求められながら、最も家庭に近い養育形態といえる里親が普及していない実態がある(**表2**)。

2002(平成14)年10月からは、専門里親、親族里親の活用のほか、里親研修や里親養育相談の実施、里親の休息のために一時的に委託児童を児童養護施設等に預かるレスパイト・ケアの実施等、里親に対する支援を充実することで、里親への委託児童数の増加が図られた。また、制度が十分活用されていないことから、「少子化社会対策大綱に基づく重点施策の具体的実施計画について」(子ども・子育て応援プラン)では、里親の拡充として2009(平成

21) 年度までの目標値を以下の通り設定している。

　児童養護施設、乳児院、里親に措置された児童のうち里親への委託率を8.1％（2003年度）から15％に引き上げる。専門里親登録者総数を146人（2003年度）から500人まで引き上げるというものである。

4．養護を要する児童の自立支援

（1）児童自立生活援助事業

　児童自立生活援助事業（自立援助ホーム）は、長く制度化されず一部の先駆的な実践がなされてきたにすぎなかった。必要性を感じた関係者のボランタリーによって始められた。民間主導でボランティア的な活動の中でやってきて、それを制度が追認したかたちである。

　自立援助ホームとは、東京都自立援助ホーム制度実施要綱（2005〔平成17〕年3月31日版）によれば、「自立援助ホームは、児童養護施設の退所児童等であって、義務教育終了後就職した児童に対して、共同生活を営むべき住居において相談その他の日常生活上の援助及び生活指導を行うこと等により、それらの児童の社会的自立と豊かな人間性の形成に寄与することを目的とする」とある。

　法的には、1997（平成9）年の児童福祉法の改正により「児童自立生活援助事業」として位置付けられ、児童福祉施設と同様に事業の内容として、措置を解除された者について相談その他の援助を行うこと（アフターケア）が明確化された。また、年長の児童を対象としている自立援助ホームについては、事業の内容として「就業の支援」も明確化されている。

　さらに、2004（平成16）年の児童福祉法の改正で、措置を解除された者について相談その他の援助を行うことが事業の内容として明確化された。

　この自立援助ホームへの社会的養護における期待は大きい。子ども・子育て応援プランの概要では、「少子化社会対策大綱」（2004〔平成16〕年6月4日閣議決定）の掲げる4つの重点課題に沿って、2009年度までの5年間に講

ずる具体的な施策内容と目標として自立援助ホームの数を26カ所から60カ所に増やすことを目標値としている（都道府県・指定都市に1カ所程度で実施）。自立援助ホーム連絡協議会の2007年12月1日現在の資料では46カ所、在籍数236人である。

第2節　児童虐待

1．児童虐待の動向

児童相談所における虐待相談件数が急増している（**図2**）。その要因としては、虐待そのものの増加以外に虐待に対する理解や関心の高まりにより、それまで潜在化していたものが顕在化してきたことも考えられる。

児童虐待については、その家族の社会的、経済的、心理的背景が複雑に絡

図2　児童虐待相談件数

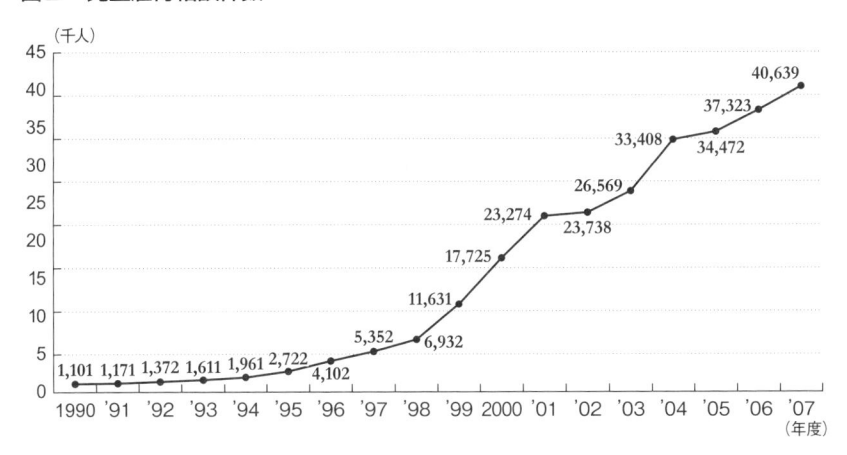

年度	件数
1990	1,101
'91	1,171
'92	1,372
'93	1,611
'94	1,961
'95	2,722
'96	4,102
'97	5,352
'98	6,932
'99	11,631
2000	17,725
'01	23,274
'02	23,738
'03	26,569
'04	33,408
'05	34,472
'06	37,323
'07	40,639

出所：「厚生労働省雇用均等・児童家庭局総務課虐待防止対策室提出資料（第10回子どもの心の診療医の養成に関する検討会資料）」2006年8月9日をもとに作成

み合って生じると考えられるが、3つの側面が考えられる。①親の側の要因（親自身の被虐待体験、経済的困難、親族・近隣・友人からの孤立、夫婦の不和等）②子どもの側の要因（望まぬ妊娠から生まれた、頑固で育てにくい等育児に負担を感じやすい、低体重、多胎等養育に苦労が多い子ども）③親子関係の要因（親または子どもが病気等で長期入院していたため親子関係が形成されにくい等）。

2．児童虐待の定義

児童虐待の定義については「児童虐待の防止等に関する法律」（児童虐待防止法）第2条に規定されている。

> 第2条　この法律において、「児童虐待」とは、保護者（親権を行う者、未成年後見人その他の者で、児童を現に監護するものをいう。以下同じ。）がその監護する児童（十八歳に満たない者をいう。以下同じ。）について行う次に掲げる行為をいう。
> 一　児童の身体に外傷が生じ、又は生じるおそれのある暴行を加えること。
> 二　児童にわいせつな行為をすること又は児童をしてわいせつな行為をさせること。
> 三　児童の心身の正常な発達を妨げるような著しい減食又は長時間の放置、保護者以外の同居人による前二号又は次号に掲げる行為と同様の行為の放置その他の保護者としての監護を著しく怠ること。
> 四　児童に対する著しい暴言又は著しく拒絶的な対応、児童が同居する家庭における配偶者に対する暴力（配偶者（婚姻の届出をしていないが、事実上婚姻関係と同様の事情にある者を含む。）の身体に対する不法な攻撃であって生命又は身体に危害を及ぼすもの及びこれに準ずる心身に有害な影響を及ぼす言動をいう。）その他の児童に著しい心理的外傷を与える言動を行うこと。

表3　虐待を受けた子どもの入所割合

乳児院	27.5%	（2004年）
児童養護施設	62.1%	（2004年）
情緒障害児短期治療施設	69.8%	（2004年）
児童自立支援施設	59.7%	（2000年）
児童相談所一時保護	32.8%	（2003年）

出所：厚生労働省雇用均等・児童家庭局家庭福祉課「今後目指すべき児童の社会的養護体制に関する構想検討会　中間とりまとめについて」をもとに作成

　一般には、身体的虐待、性的虐待、保護の怠慢・拒否（ネグレクト）、心理的虐待のことである。

　2005（平成17）年度に児童相談所が処理した児童虐待件数は、3万4472件である。これを相談種別で見ると「身体的虐待」が42.7％、「保護の怠慢・拒否（ネグレクト）」が37.5％、「心理的虐待」が16.8％、「性的虐待」が3.1％であった。

　表3は、虐待を受けた子どもの施設への入所割合である。

　虐待を受けた子どものケアとして、1999（平成11）年以降、児童養護施設に心理療法の必要な児童が10人以上入所している児童養護施設に非常勤の心理療法を担当する職員の配置がされた。以後、乳児院、母子生活支援施設、児童自立支援施設へと拡大し常勤化も図られている。

　また、児童養護施設において2001（平成13）年度から児童や保護者への援助を行うために、被虐待児個別対応職員を配置していたが、2007（平成19）年度より常勤化された。

3．児童福祉法と児童虐待の防止等に関する法律

　2004（平成16）年と2007（平成19）年に行われた2つの法改正について、その主な改正点を挙げる。

（1）2004年改正（児童虐待の防止等に関する法律）
①児童虐待の定義の見直し
②国と地方公共団体の責務の強化
③児童虐待に係る通告義務の拡大
④警察署長に対する援助要請等
⑤面会・通信制限規定の整備
⑥児童虐待を受けた子ども等に対する学業の遅れに対する支援、進学・就職の際の支援等に関する規定の整備

（2）2004年改正（児童福祉法）
①児童相談に関する体制の充実
②児童福祉施設、里親等のあり方の見直し
③要保護児童に関する司法関与の見直し

（3）2007年改正（児童虐待の防止等に関する法律）
①児童の安全確認等のための立入調査等の強化
②保護者に対する面会・通信等の制限の強化
③保護者に対する指導に従わない場合の措置の明確化

第3節　非行

1．非行のある児童

　非行少年等の補導状況の推移としては、1983年をピーク（戦後3番目）に漸減傾向にあった少年非行の補導・検挙件数が1996年から漸増であるが、2003年をピークにまた減少化の傾向を示している。

少年法で非行は、第1条に「非行のある少年」としており、第3条に「審判に付すべき少年」として以下の通り規定されている。

> 第3条　次に掲げる少年は、これを家庭裁判所の審判に付する。
> 1　罪を犯した少年
> 2　14歳に満たないで刑罰法令に触れる行為をした少年
> 3　次に掲げる事由があって、その性格又は環境に照らして、将来、罪を犯し、又は刑罰法令に触れる行為をする虞のある少年
> イ　保護者の正当な監督に服しない性癖のあること。
> ロ　正当の理由がなく家庭に寄り附かないこと。
> ハ　犯罪性のある人若しくは不道徳な人と交際し、又はいかがわしい場所に出入すること。
> ニ　自己又は他人の徳性を害する行為をする性癖のあること。

また、児童福祉法第25条「要保護児童の通告」では「ただし、罪を犯した満14歳以上の児童については、この限りでない。この場合においては、これを家庭裁判所に通告しなければならない」とある。

逆に、14歳以上で「警察官又は保護者が家庭裁判所に送致するよりも児童福祉法の措置にゆだねるのが適当であると認めるときは、その少年を直接児童相談所に通告することができる」とある。

2．児童福祉の対象となる児童

非行少年のうち、家庭環境に非行の主な原因がある者や比較的低年齢の者等は、「児童福祉法」に基づく措置がとられる。児童相談所における調査判定に基づき、以下のような方法がとられる。

　①児童や保護者を訓戒し、または誓約書を提出させる。
　②児童福祉司、社会福祉主事、児童委員等に指導させる。

図3　非行傾向のある児童への福祉的対応

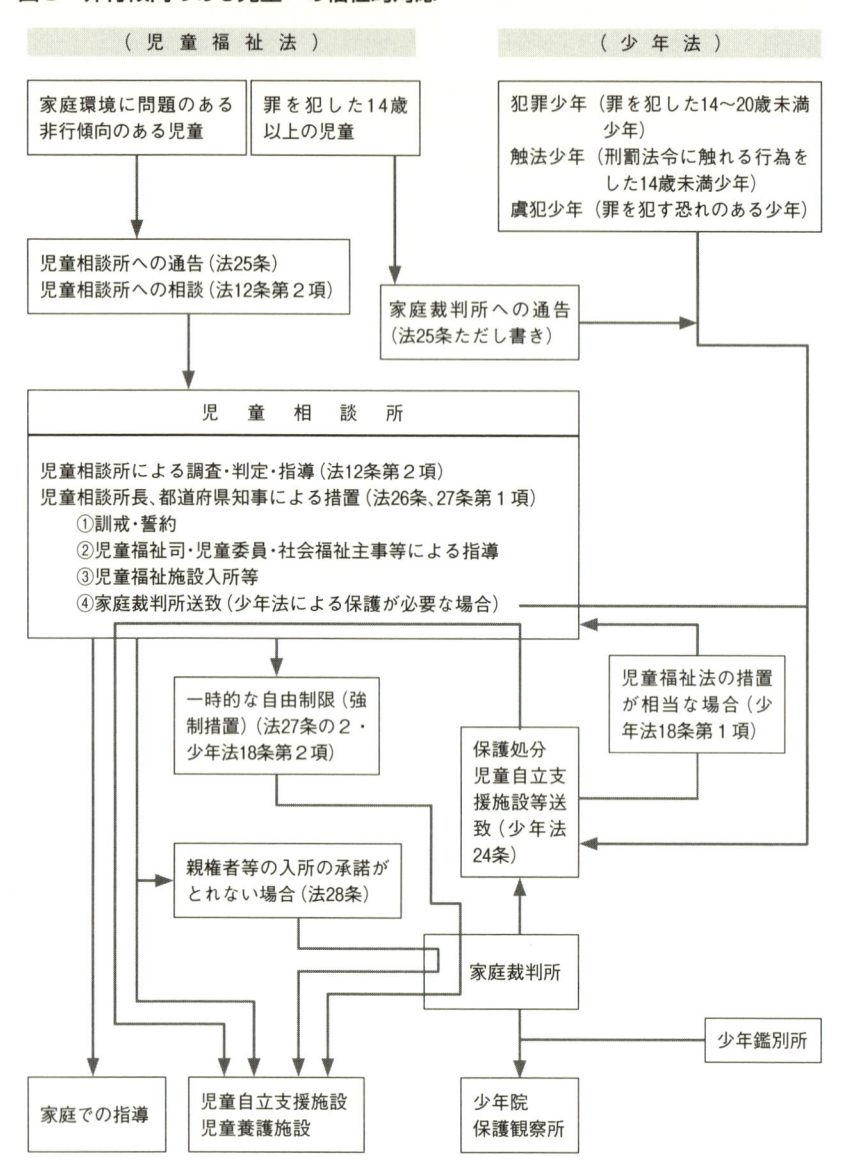

（児童福祉法）

- 家庭環境に問題のある非行傾向のある児童
- 罪を犯した14歳以上の児童

↓

児童相談所への通告（法25条）
児童相談所への相談（法12条第2項）

（少年法）

- 犯罪少年（罪を犯した14〜20歳未満少年）
- 触法少年（刑罰法令に触れる行為をした14歳未満少年）
- 虞犯少年（罪を犯す恐れのある少年）

家庭裁判所への通告（法25条ただし書き）

児童相談所

児童相談所による調査・判定・指導（法12条第2項）
児童相談所長、都道府県知事による措置（法26条、27条第1項）
　①訓戒・誓約
　②児童福祉司・児童委員・社会福祉主事等による指導
　③児童福祉施設入所等
　④家庭裁判所送致（少年法による保護が必要な場合）

- 一時的な自由制限（強制措置）（法27条の2・少年法18条第2項）
- 親権者等の入所の承諾がとれない場合（法28条）
- 児童福祉法の措置が相当な場合（少年法18条第1項）
- 保護処分　児童自立支援施設等送致（少年法24条）

家庭裁判所

少年鑑別所

- 家庭での指導
- 児童自立支援施設　児童養護施設
- 少年院　保護観察所

※「法」は、児童福祉法を指す。

出所：厚生統計協会編『国民の福祉の動向』厚生統計協会、2008年をもとに作成

③里親に委託する、または児童自立支援施設等の児童福祉施設に入所させる。
④家庭裁判所に送致する。

2006年度中に全国の児童相談所で対応した非行関係の総数は、1万7166件である。

「児童相談所運営指針」(厚生労働省雇用均等・児童家庭局1990年3月5日児発第133号)によると、児童相談所が受ける非行相談とは、

①ぐ犯等相談虚言癖、浪費癖、家出、浮浪、乱暴、性的逸脱等のぐ犯行為若しくは飲酒、喫煙等の問題行動のある子ども、警察署からぐ犯少年として通告のあった子ども、又は触法行為があったと思料されても警察署から法第25条による通告のない子どもに関する相談。

②触法行為等相談触法行為があったとして警察署から法第25条による通告のあった子ども、犯罪少年に関して家庭裁判所から送致のあった子どもに関する相談。受け付けた時には通告がなくとも調査の結果、通告が予定されている子どもに関する相談についてもこれに該当する。

である。

3．児童自立支援施設

非行のある児童を入所させる児童福祉施設として児童自立支援施設があるが、児童自立支援施設は、「不良行為をなし、又はなすおそれのある児童及び家庭環境その他の環境上の理由により生活指導等を要する児童を入所させ、又は保護者の下から通わせて、個々の児童の状況に応じて必要な指導を行い、その自立を支援し、あわせて退所した者について相談その他の援助を行うことを目的とする施設」(児童福祉法第44条)である。1997（平成9）年の児童福祉法の改正により「教護院」という名称が変更され、その目的も教護から自立支援と改められた。また、学校教育の実施の義務付けについても、従来

の「不良行為をなし、又はなすおそれのある児童」に「家庭環境その他環境上の理由により生活指導等を要する児童」が加えられ、通所形態の導入や対象児童の拡大が図られた。

児童自立支援施設には、施設長、自立支援専門員、児童生活支援員、栄養士、嘱託医等が置かれており2006年10月1日現在58カ所、定員4101人、在籍児童1836人（社会福祉施設等調査報告）である。

4. 少年法の改正

2000（平成12）年11月の改正では、①意見聴取や記録の閲覧を含む被害者への配慮、②検察官送致年齢の引き下げや原則規定の創設等の厳罰化、③検察官の関与、監護措置の延長、検察官の抗告権等による事実認定の厳格化、等が行われ、さらに2007（平成19）年の再改正では、①触法少年事件について調査の要件を明確化、②少年院送致可能な年齢の下限をおおむね12歳とする。③保護観察中の者の遵守事項違反を新たな審判事由とする等が盛り込まれた。

〔参考文献〕

飯田進ほか『養護内容総論』ミネルヴァ書房、1994年

柏女霊峰『現代児童福祉論（第8版）』誠信書房、2008年

芝野松次郎編『子ども虐待ケース・マネジメント・マニュアル』有斐閣、2001年

青少年福祉センター編『強いられた「自立」──高齢児童の養護への道を探る』
　　ミネルヴァ書房、1989年

西澤哲『トラウマの臨床心理学』金剛出版、1999年

西澤哲『子どもの虐待──子どもと家族への治療的アプローチ』誠信書房、
　　1994年

古川孝順『児童福祉改革──その方向と課題』誠信書房、1991年

第11章

母子保健

林 邦雄

第1節　母子保健の概要

1. 母子保健の体系

　母子保健は1965（昭和40）年に制定された母子保健法以来、母子に対して一貫した対策を行ってきたが、その目的は母子保健法第1条によれば、「母性並びに乳児及び幼児の健康の保持及び増進を図るため、母子保健に関する原理を明らかにするとともに、母性並びに乳児及び幼児に対する保健指導、健康診査、医務その他の措置を講じ、もつて国民保健の向上に寄与すること」としている。
　この法律制定以降、母性の保護と乳幼児の保健衛生の向上が図られてきたが、この結果、母子保健の指標である妊産婦死亡率、乳児死亡率等が著しく低下し、特に乳児死亡率は世界の中で最も低い国になっている。
　母子保健法では、母子保健向上のための措置として、知識の普及（第9条）、保健指導（第10条）、新生児の訪問指導（第11条）、健康診査（第12条）、栄養の摂取に関する援助（第14条）、妊娠の届出（第15条）、母子健康手帳（第16条）、妊産婦の訪問指導等（第17条）、低体重児の届出（第18条）、未熟児の訪問指導（第19条）及び養育医療（第20条）が挙げられている。
　これらの措置に基づいて、母子保健対策は、①健康診査、②保健指導、③医療援護及び④医療対策が推進されている（**表1**）。

2. 母子保健の実施機関

　母子保健対策の体系を実施するのは保健所及び市町村保健センターである。
　保健所は、地域における公衆衛生の向上及び増進を目的として設置され、地域住民の栄養の改善、伝染病の予防、環境衛生、精神保健等さまざまな業務を行っている。

表1　母子保健対策の体系

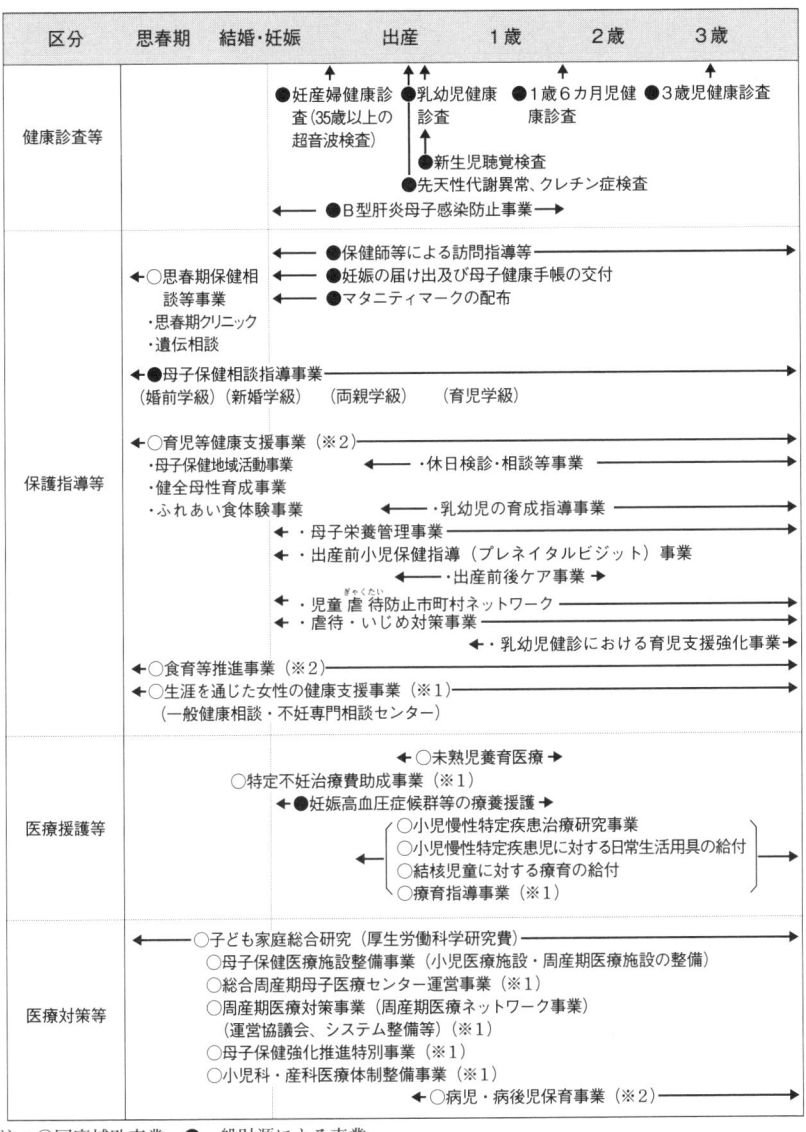

区分	思春期	結婚・妊娠	出産	1歳	2歳	3歳
健康診査等		●妊産婦健康診査（35歳以上の超音波検査）	●乳幼児健康診査 ●新生児聴覚検査 ●先天性代謝異常、クレチン症検査	●1歳6カ月児健康診査		●3歳児健康診査
		←──●B型肝炎母子感染防止事業──→				
保護指導等	←○思春期保健相談等事業 ・思春期クリニック ・遺伝相談	←──────●保健師等による訪問指導等──────→ ←──────●妊娠の届け出及び母子健康手帳の交付──────→ ←──────●マタニティマークの配布──────→				
	←────────○母子保健相談指導事業────────→ （婚前学級）（新婚学級）（両親学級）（育児学級）					
	←────────○育児等健康支援事業（※2）────────→ ・母子保健地域活動事業 ・健全母性育成事業 ・ふれあい食体験事業	←・休日検診・相談等事業→ ←・乳幼児の育成指導事業→ ←・母子栄養管理事業→ ←・出産前小児保健指導（プレネイタルビジット）事業→ ←・出産前後ケア事業→ ←・児童虐待防止市町村ネットワーク→ ←・虐待・いじめ対策事業→ ←・乳幼児健診における育児支援強化事業→				
	←○食育等推進事業（※2）──────→ ←○生涯を通じた女性の健康支援事業（※1）──────→ （一般健康相談・不妊専門相談センター）					
医療援護等		←○未熟児養育医療→ ○特定不妊治療費助成事業（※1） ←●妊娠高血圧症候群等の療養援護→ ○小児慢性特定疾患治療研究事業 ○小児慢性特定疾患児に対する日常生活用具の給付 ○結核児童に対する療育の給付 ○療育指導事業（※1）				
医療対策等	←○子ども家庭総合研究（厚生労働科学研究費）──────→ ○母子保健医療施設整備事業（小児医療施設・周産期医療施設の整備） ○総合周産期母子医療センター運営事業（※1） ○周産期医療対策事業（周産期医療ネットワーク事業） （運営協議会、システム整備等）（※1） ○母子保健強化推進特別事業（※1） ○小児科・産科医療体制整備事業（※1） ←○病児・病後児保育事業（※2）──────→					

注：○国庫補助事業　●一般財源による事業
※1　母子保健医療対策等総合支援事業
※2　次世代育成支援対策交付金による事業

出所：[社会福祉の動向編集委員会編 2008] をもとに作成

保健所は母子保健に関しても重要な役割を担っている。児童福祉法第12条の6には、保健所の業務を定めているが、これによると、①「児童の保健について、正しい衛生知識の普及を図ること」、②「児童の健康相談に応じ、又は健康診査を行い、必要に応じ、保健指導を行うこと」、③「身体に障害のある児童及び疾病により長期にわたり療養を必要とする児童の療育について、指導を行うこと」、④「児童福祉施設に対し、栄養の改善その他衛生に関し、必要な助言を与えること」と規定されている。

保健所の設置主体は、都道府県、指定都市、中核市、その他政令で定める市または特別区である。

市町村保健センターは、住民に身近な市町村において妊娠・出産から育児まで一貫したサービスが提供できるよう一元化が図られ、1997（平成9）年より、市町村・特別区等に設置されている。

第2節　母子保健サービスの内容

この節では、母子保健対策の体系（表1）に沿って、それぞれ、健康審査、保健指導、療養援護、及び医療対策に分けて母子保健サービスの主な内容を説明する。

1．健康審査

（1）妊産婦、乳幼児健康審査

妊産婦[*1]及び乳幼児[*2・3]に対する健康審査で、市町村において一般健康審査を行うものである。この健康審査は、妊産婦死亡や死産、乳児死亡の減少や未熟児[*4]等の予防の上で重要である。

妊産婦一般健康審査の項目は、①問診及び診察、②梅毒血清反応検査、③血液検査、④血圧検査、⑤尿化学検査、⑥超音波検査、⑦HBs抗原検査

である。検査は妊娠初期と後期に行われる。

　乳児一般健康審査は、生後3～6カ月と9～11カ月に分けて行われるが、前者は、この時期に適した、股関節脱臼、心臓疾患等身体異常の発見、悪性腫瘍の発見、離乳指導、生活指導及び予防接種の指導等を行う。後者では、行動の問題や知的障がい等心身異常の発見、離乳指導、育児・生活指導等が行われる。検査項目は両者とも、問診と診察、尿化学検査、及び血液検査である。

(2) 1歳6カ月児健康審査（母子保健法第12条）

　1歳6カ月という年齢は、歩行や言語の発達が進んで発達の進み具合が分りやすい時期で、この時期に心身発達の問題を早期に発見して早期に対応することが期待される。また、生活習慣の自立、むし歯の予防、幼児の栄養及び育児に関する指導を行う。

　健康審査の項目は、①身体発育状況、②栄養状態、③脊柱及び胸郭の疾病及び異常の有無、④皮膚の疾病の有無、⑤歯及び口腔の疾病及び異常の有無、⑥四肢運動障害の有無、⑦精神発達の状況、⑧言語障害の有無、⑨予防接種の実施状況、⑩育児上問題となる事項、⑪その他の疾病及び異常の有無、である。

(3) 3歳児健康審査（母子保健法第12条）

　3歳児は知的な発達が著しく、自己主張が強くなり、いわゆる反抗期を迎えるが、個人差が大きく、この時期に健康審査を行うことによって心身の障がいや異常を早期に発見し適切な対応が可能である。また、むし歯の予防、発育、栄養、生活習慣、その他育児に関する指導を行う。

　健康審査の項目は、①身体発育状況、②栄養状態、③脊柱及び胸郭の疾病及び異常の有無、④皮膚の疾病の有無、⑤眼の疾病及び異常の有無、⑥耳、鼻及び咽頭の疾病及び異常の有無、⑦歯及び口腔の疾病及び異常の有無、⑧四肢運動障害の有無、⑨精神発達の状況、⑩言語障害の有無、⑪予防接種の実

施状況、⑫育児上問題となる事項、⑬その他の疾病及び異常の有無、である。

（4）先天性代謝異常等検査

フェニルケトン尿症等の先天性代謝異常及び先天性甲状腺機能低下症（クレチン症）は、見逃すと知的障がいを発生しかねないので、生後5～7日の新生児を対象に血液によるマススクリーニング検査を行い、障がいの防止を図り、先天性代謝異常が発見された場合には、治療に必要な特殊ミルクが供給される。

（5）B型肝炎母子感染防止事業

B型肝炎撲滅対策の一環として、母子間の感染を阻止し、ウイルスの保有者（キャリア）の新発生を抑制するため、妊婦の検査と保健指導を行う。

このほか、新生児聴覚検査事業が行われている。

2．保健指導

（1）妊婦の届出及び母子健康手帳の交付

妊娠した者は母子保健法の規定により、市町村長（保健所を設置する市は保健所長）に届け出ることとされており、この届け出た妊婦に対して市町村から母子健康手帳（**図1**）が交付される。

母子健康手帳は、妊娠中の健康状態、出産時の状況、乳幼児の発育等について記録され、また、母子の一貫した保健指導を行うための基礎資料及び育児の記録になるものである。

（2）保健師等による訪問指導

妊娠、出産または育児に関し、必要な保健指導及び妊産婦、新生児、未熟児に対し、必要に応じ保健師等による家庭訪問指導を行う。

妊産婦訪問指導では、健康審査の結果、保健指導を受けることが必要であ

図1　母子健康手帳の一部

様式第三号（第七条関係）

市町村（特別区）名

母 子 健 康 手 帳

平成　　年　　月　　日交付

保護者の氏名：＿＿＿＿＿＿＿＿

　　　　　　：＿＿＿＿＿＿＿＿

子の氏名（ふりがな）＿＿＿＿＿＿（第　　子）

No.＿＿＿＿＿＿＿＿

この欄は手帳を受け取ったらすぐに自分で記入してください。

	続柄	ふりがな 氏名	生年月日（年齢）	職業
子の保護者	母 （妊婦）		年　月　日生（　歳）	
	父		年　月　日生（　歳）	
			年　月　日生（　歳）	
	居住地	電話		
		電話		
		電話		

出生・届出済証明

子の氏名	男・女
出生の場所	都道府県　　市区町村
出生の年月日	年　　月　　日

上記の者については　　　年　　月　　日

出生の届出があったことを証明する。

市区町村長　　　　　印

赤ちゃんが生まれたときは14日以内に出生届をして、同時に上欄に出生届出済の証明を受けてください。

— 1 —

出所：「母子保健法施行規則」

ると明らかになった妊産婦に、医師、助産師、保健師等をその家庭に訪問させ、必要な指導を行う。

新生児訪問指導では、新生児[*5]の養育に必要と認められる者に対して医師、保健師または助産師等を家庭訪問により指導し、新生児の発育、栄養、環境、疾病予防に留意し、特に、第1子、妊娠中毒母体に異常や強い黄疸（おうだん）のあった新生児について重点的に行われる。

未熟児訪問指導では、体重2500ｇ未満の乳児で養育上必要があると認める時は、医師、保健師、助産師等を訪問により指導を行う。

（3）母子保健相談指導事業

これは、母子保健の知識普及に関する事業である。母性及び乳幼児の健康保持や増進のためには、母子保健について各種の保健教育を行い、また、妊娠や出産、育児の個々の問題に対応した保健指導が必要となる。

このため、都道府県及び市町村は、講習会等による集団的な保健教育や個

別の保健指導、育児等の相談と助言することによって、母子保健に関する正しい知識の普及に努めている。

（4）生涯を通じた女性の健康支援事業

女性の生涯を通じた健康管理のための健康教育を行う。また、女性特有の身体機能の問題や心身の悩みに対応するための相談支援も行われている。健康教育は、女性の健康に関わる小冊子を作成して配布されている。小冊子は思春期の女性から青年期及び更年期の女性を対象に配布されている。

このほか、不妊専門相談センターでの相談や情報提供も行われている。

3．療養援護

（1）未熟児養育医療

体重が2500ｇ未満の低体重児が生まれた時は、保護者[*6]に届出の義務が課せられている。養育上必要と認められる未熟児に対しては、医師、保健師、助産師等による訪問指導が行われている。

また、生下時体重が2000ｇ未満であったり、身体の発育が未熟なため、入院して養育を必要とする未熟児に対して養育医療の給付が行われている。

（2）特定不妊治療費助成事業

子どもが欲しいと望んでいるにもかかわらず子どもに恵まれず、不妊治療を受ける夫婦が増えている。不妊治療は身体的、精神的な負担も大きいが、経済的にも負担が大きい。経済的理由から十分な治療を受けることができず、子どもを持つことをあきらめてしまう場合もあることから、経済的負担の軽減を図るため、不妊治療に要する費用の一部を助成するものである。

給付内容は、1回の治療につき10万円まで、1年度あたり2回を限度に支給し、支給対象期間は通算5年間となっている。この場合、所得制限が伴う。

（3）療育指導

慢性疾患等の疾病により長期間療養を必要とする児童について、保健所での相談指導、在宅児への巡回による相談指導が行われる。

（4）小児慢性特定疾患治療研究事業

小児がん等の小児慢性疾患のうち、特定疾患はその治療が長期間になり、医療費の負担も高額となる。これを放置することはその児童の健全な育成を阻むものとなるため、特定疾患について治療研究事業を行い、これを基にその研究を推進して、医療の確立と普及を図るとともに、患者家庭の医療費の負担軽減にも役立てることを目的に行われている。

給付の対象となる疾患は、①悪性新生物、②慢性腎（じん）疾患、③慢性呼吸器疾患、④慢性心疾患、⑤内分泌（ないぶんぴつ）疾患のうち成長ホルモン分泌不全性低身長症、⑥膠原（こうげん）病、⑦糖尿病、⑧先天性代謝異常、⑨血友病等血液・免疫（めんえき）疾患、⑩神経・筋疾患、⑪慢性消化器疾患の11疾患群である。給付は、医療機関に依託して行うこととされている。

（5）療育の給付

結核にかかっている児童でその治療に長期間必要な場合に、特別支援教育の受けられる病院に入院させて医療の給付と学習及び療養生活に必要な物品の支給を行っている。

4．医療対策

（1）母子医療施設整備事業

少子化が進む中で、安心して子どもを生み育てる環境作りの一環として、妊娠から出産さらに小児期に至るまでの高度な医療を提供するための周産期医療施設や小児医療施設に対して、施設整備や医療機器等の補助を行っている。

(2) 周産期医療対策事業

　周産期医療に対する需要の増加、適切な周産期医療供給の必要性の拡大等、周産期医療をめぐる諸状況の変化への的確な対応が求められている。それは、超未熟児や高齢出産等の増加により緊急分娩(ぶんべん)や高度な新生児医療を必要とする周産期医療体制の確保に他ならない。

　都道府県においてハイリスクの母体及び胎児、新生児の一貫した管理を行う総合周産期母子医療センターを整備して、これをもとに各地域の周産期医療施設等と連携をとり、リスクの高い妊婦に対する医療や高度の新生児医療に対応したシステムの基盤を整えるものである。

(3) 総合周産期母子医療センター運営事業

　この事業は、相当規模の母体・胎児集中治療管理室を含む産科病棟及び新生児集中治療管理室を含む新生児病棟を備え、常時の母体及び新生児搬送受入体制を有し、合併症妊娠、重度妊娠中毒症、切迫早産、胎児異常等母体または児にリスクの高い妊娠に対する医療及び高度な新生児医療等の周産期医療を行うことのできる医療施設(「周産期医療対策整備事業の実施について」)である総合周産期母子医療センターに運営費を補助し、運営の安定化を図り、最新の技術水準に応じた医療を提供するものである。

(4) 小児科・産科医療体制整備事業

　小児科医・産科医の不足に対応するため、医療資源の集約化・重点化や女性医師の就労支援のための検討費・調査研究費等、都道府県における小児医療・産科医療の体制整備に必要な経費の補助を行っている。

(5) 病児・病後児保育事業

　病児・病後児とは、病気回復期にあり、医療機関による入院治療の必要はないが、安静の確保に配慮する必要がある集団保育が困難な保育所に通所している児童で、かつ、保護者の勤務の都合、傷病、事故、等社会的に止むを

得ない事由により家庭で育児を行うことが困難な児童（1994〔平成6〕年6月23日児発第605号厚生省児童家庭局長通知「乳幼児健康支援一時預かり事業の実施について」）である。

病児・病後児保育における対象疾患は、感冒、消化不良（多症候性下痢）等乳幼児が日常罹患する疾患や、麻疹、水痘、風疹等の感染性疾患、喘息等の慢性疾患及び骨折等のほか、傷性疾患等である。

病児・病後児は、集団保育の困難な期間、保育所や病院に付設された専用のスペースか、または児童の自宅等に保育士を派遣して、保育が行われる。

乳幼児健康支援一時預かり事業では、病児・病後児保育の他にも、保護者の疾病・入院により緊急一時的に保育が必要となる児童の自宅に保育士等を派遣して行う派遣型一時保育も実施されている。

［注］
- ＊1　「妊産婦」：妊娠中または出産後1年以内の女子。
- ＊2　「乳　児」：1歳に満たない者。
- ＊3　「幼　児」：満1歳から小学校就学の始期に達するまでの者。
- ＊4　「未熟児」：身体の発育が未熟のまま出生した乳児であって、正常児が出生時に有する諸機能を得るに至るまでの者。
- ＊5　「新生児」：出生後28日を経過しない乳児。
- ＊6　「保護者」：親権を行う者、未成年後見人その他の者で、乳児または幼児を現に監護する者。

第3節　母子保健の課題

1. 母子保健施策の成果

　母子保健法制定の背景には、制定された当時の母子保健に関する状況として、妊産婦死亡率は地域間格差が大きく、乳児死亡率も諸外国に比べて高率であるという事情が存在した。

　1965（昭和40）年に制定された母子保健法では、母性とは、児童の健全な出生と育成の基礎として尊重され、保護される権利を有するとともに、乳幼児の健康が保持、増進されなければならないことを規定している。さらに、女性及び乳幼児の保護者は自ら進んで母子保健に関する理解を深め、女性及び乳幼児の健康の保持、増進につとめなければならないことを理念として掲げている。

　こうして、母子保健に関する諸施策は総合的、体系的に実施されるようになり、妊産婦死亡率及び乳児死亡率の激減を見たのである（**表2**）。

　このような成果は今後も維持されていかなければならないが、少子、高齢化という社会環境の変化の中で一層きめ細かな対策が必要である。

2. 保健サービスの市町村一元化

　少子化や核家族化の進行、女性の社会進出の増大等母子を取り巻く社会環境の大きな変化、母性意識の希薄化、価値観の変化等社会道徳や意識等の変化が見られることから、時代を担う児童の健全な育成及びその基盤となる母性の保護等の施策を充実し強化する必要が生じた。

　そこで地域保健法及び母子保健法が改正され、1997（平成9）年度から、母子保健事業は住民に身近な市町村において一元的に実施されるようになった。母子保健サービスにおける市町村の役割のきめこまかな対応が期待される（**表3**）。

表2　乳児死亡率・新生児死亡率・周産期死亡率・妊産婦死亡率について

	出生率 (※1)	乳児死亡率 (※2)	新生児死亡率 (※2)	周産期死亡率 (※3)	妊産婦死亡率 (※4)	死産率 (※2)
昭和50	17.1	10.0	6.8	−	27.3	50.8
60	11.9	5.5	3.4	15.4	15.1	46.0
平成3	9.9	4.4	2.4	8.5	8.6	39.7
5	9.6	4.3	2.3	7.7	7.4	36.6
6	10.0	4.2	2.3	7.5	5.9	33.5
7	9.6	4.3	2.2	7.0	6.9	32.1
8	9.7	3.8	2.0	6.7	5.8	31.7
9	9.5	3.7	1.9	6.4	6.3	32.1
10	9.6	3.6	2.0	6.2	6.9	31.4
11	9.4	3.4	1.8	6.0	5.9	31.6
12	9.5	3.2	1.8	5.8	6.3	31.2
13	9.3	3.1	1.6	5.5	6.3	31.0
14	9.2	3.0	1.7	5.5	7.1	31.1
15	8.9	3.0	1.7	5.3	6.0	30.5
16	8.8	2.8	1.5	5.0	4.3	30.0
17	8.4	2.8	1.4	4.8	5.8	29.1

※1　人口1000人に対する割合　　※2　出生1000人に対する割合
※3　出生及び妊娠満22週以上の死産1000人に対する割合　　※4　死産10万人に対する割合
出所：［社会福祉の動向編集委員会編 2008］をもとに作成

表3　母子保健事業等の市町村への一元化

__都道府県（保健所）__
○技術的・広域的機能の強化
①市町村職員の研修・技術的援助
②市町村相互間の連絡調整
③地域の健康問題に関する調査・研究
④小規模町村への人材確保支援計画の策定
○専門的母子保健サービス
ア．未熟児訪問指導
イ．養育医療
ウ．慢性疾患児の療育指導
（児童福祉法第19条）

__市町村（市町村保健センター）__
○基本的母子保健サービス
ア．①母子健康手帳の交付
　　②婚前学級、両親学級、育児学級等
イ．健康診査
　　①妊産婦
　　②乳幼児
　　③1歳6カ月児
　　④3歳児
ウ．訪問指導
　　①妊産婦
　　②新生児

出所：［社会福祉の動向編集委員会編 2008］をもとに作成

3．21世紀の母子保健

　2000（平成12）年11月に母子保健における国民運動計画「健やか親子21」が策定されて、21世紀の母子保健の方向性が示された。

　その課題とは、①思春期の保健対策の強化と健康教育の推進、②妊娠・出産に関する安全性と快適さの確保と不妊への支援、③小児保健医療水準を確保・向上させるための環境整備、④子どもの心のやすらかな発達の促進と育児不安の軽減の4点が主なものである。

　これは、安心して子どもを生み、ゆとりを持って育てるための家庭や地域の環境作りと少子・高齢社会において国民が健康で元気に生活できる社会の実現を図る国民健康作りである「健康日本21」の一環となっているものである。

　「健やか親子21」推進検討会は、妊産婦にやさしい環境作りを進める試みとして、マタニティマークを製作している。これは、4つの主要課題の1つである「妊婦・出産に関する安全性と快適さの確保」の実現の姿であろう。

　マタニティマークとは、妊産婦が交通機関を利用する際にそれを身につけることで、周囲が妊産婦への気配りが可能となる目印になるものである。

　社会の変動に伴って、家庭の機能や養育環境の低下が深刻になっている中で、母子保健の果たす役割は小さなものではないであろう。

〔参考文献〕
　　改訂・保育士養成講座編纂委員会編『児童福祉』（改訂4版・保育士養成講座第2巻）全国社会福祉協議会、2008年
　　厚生省児童家庭局編『児童福祉六法』（平成21年版）中央法規出版、2009年
　　社会福祉の動向編集委員会編『社会福祉の動向（2009）』中央法規出版、2009年

第12章

ひとり親家庭

原 裕視

第1節　ひとり親家庭とは

1．ひとり親家庭の定義と分類

　ひとり親家庭という言葉は、特定の1つの状態だけを示しているのではなく、異なるさまざまな条件を伴う家庭の集合体に対して用いられる言葉である。最も簡潔にいうと、母親または父親のいずれかとその子どもからなる世帯のことをいう。ちなみに、かつては何らかの理由で養育者としての母親または父親を欠いている状態の家庭を示す語として、行政を中心に「欠損家庭」との言い方が使われていたが、現在ではそのマイナスイメージ（差別的ニュアンス）を避けるために使われない。具体的には、以下に挙げる家族形態が、行政府等種々サービスを提供する側が政策的に決めているひとり親家庭の定義であり、サービス対象となっている家庭である。

　①父親または母親のどちらかが死亡した家庭
　②両親のどちらかの生死が明らかでない家庭
　③両親が離婚し、父親または母親のどちらかのみに扶養されている家庭
　④どちらかの親から1年以上養育遺棄されている家庭
　⑤両親のどちらかが1年以上法令上の拘禁をされている家庭
　⑥両親のどちらかが、精神または身体の重度の障がい（1・2級程度）
　　により働けない家庭
　⑦婚姻によらないで母となった家庭（認知した父の扶養がある場合を除く）
　⑧以上のほか、①〜⑦のどれに該当するか明らかではないひとり親家庭
　これらの分類は、何が原因（理由）でひとり親家庭になったかに基づいていて、いわゆる母子家庭と父子家庭から成る。①〜⑧の分類にあてはまるひとり親家庭は、日本の全世帯数約4906万世帯（2005年10月1日総務省国勢調査）に対して約172万世帯（2006年11月1日厚生労働省全国母子家庭等調査）存在し、

この数は全世帯数の3.5%に相当する。そのうち、母子家庭が約151万7000世帯（全世帯の約3.1%）で、父子家庭が約19万9000世帯（全世帯の約0.4%）である。

ひとり親家庭には上記のタイプ別で③にあたる、離婚による母子家庭が圧倒的に多い。それは、母親が親権者となって子どもを引き取ることが増えていることによっているのであり、その傾向はますます増加している。1960年には母親が親権者になる比率は約47%で父親よりも低かったが、その後逆転し、1996年には約78%を母親が占め、2004年になると90%近くの母親が親権者となって子どもを引き取っている（2004年総務省統計局調査）というのが現状である。

2．ひとり親家庭になった理由

すでに述べた家族の形態（定義）に基づいて、172万世帯がそれぞれどんな分布状態になっているのかを見てみる。この形態は、どのような理由でひとり親家庭になったのかと同義である。母子家庭の151万7000世帯は、大きく、死別してひとり親になった家庭約15万8000世帯と、生別でひとり親になっている約135万9000世帯のグループに分けられる。死別した家庭よりも生きてひとり親家庭になっている家庭がはるかに多い。そのうち離婚によるものが大多数で約120万9000世帯を占める。それ以外に未婚（非婚）の母、遺棄された、配偶者が行方不明になった、その他理由がはっきりしないもの等から成る合計15万世帯が生別ひとり親母子家庭の内訳である。父子家庭は死別（31.8%）と生別（64.9%）に大別され、生別のほとんどが離婚によるひとり親家庭である（父子家庭全体の57.1%）。

第2節　ひとり親家庭の特徴と問題

　ひとり親家庭は欠陥家庭であるというとらえ方は、本質的な理解を欠いている。その認識は必要であるが、ひとり親家庭は、ふたり親から成るいわゆる「標準家庭」(家族形態の多様化という観点からすれば問題のある表現だが、分類の便宜上あえてこの語を用いる)がごく普通に営み得るような、社会との健康的な関係を持って生きてゆくための、また、子どもを健全に育て、一人前の社会人として送り出してゆくための諸機能が、意識して努力しないと不十分であったり、偏ってしまったりする家族形態であることも自覚すべきである。

　また、ひとり親家庭といっても、さまざまである。母子家庭と父子家庭では共通部分もあれば、大きく異なることも多い。厚生労働省の全国母子世帯等調査(2006年度、1517世帯の調査結果)によると、母子家庭で母親が困っていることは、「家計」が46.3％で最も多く、次に「仕事」が18.1％、「住居」12.8％、等と続く。父子家庭で父親が困っていることは、やはり「家計」が一番で40.0％であり、次が「家事」の27.4％、「仕事」12.6％と続く。困っていることの一番は3年前の調査では「家事」であったが、現在では「家計」となって、母子・父子家庭とも一致している。次に多いのは、母子家庭では「仕事」、父子家庭では「家事」と異なる。

　以下では、ひとり親家庭の特徴と問題点を母子家庭と父子家庭を比較しながら述べていく。

1．生活上の困難

(1) 経済的状態

　母子家庭の収入の状況、経済的状態は劣悪で、不安定な環境におかれている。厚生労働省上記調査によると、母子家庭の2005年の平均年収は約213万

円で、全世帯の平均年収の37.8％と４割にも満たない状態である。また、母子家庭全体の７割以上が年200万円未満の就労収入しかなく、児童扶養手当等を加えて、ようやく平均年収が213万円程度になるにすぎない。

これに対して、父子家庭の平均年収は約421万円となっていて、約２倍であるから母子家庭よりは恵まれているように見える。しかし、状況は大きく変わってきている。まず、育児のために転職すると収入減となる。残業や休日出勤が難しくなるので、やはり収入ダウンとなってしまう。37％の人は年収が300万円以下であるし、さらに、2008年から2009年にかけての急激な経済不況により、非正規雇用の増大、雇用機会の喪失等、父子家庭にも経済的に厳しい影響が出ており、母子家庭よりも父子家庭が経済的に恵まれているとは一概にいえなくなってきている。その上、後に詳述するように、ひとり親家庭に対する支援、援助は母子家庭だけに準備されたものがほとんどで、それらの一部を父子家庭用に開放していく（対象に加えていく）に過ぎないのがこれまでの支援制度である。

ただし、例えばいくつかの地方自治体では国の児童扶養手当（母子家庭のみ対象）と同等の経済支援を父子家庭に対して行う、先駆的な施策を実施する新しい動きも出てきた（東京都港区、栃木県鹿沼市、千葉県野田市、愛知県春日井市等2009年現在で10自治体ほど）。

いずれにせよ、ひとり親家庭の収入は、一般的家庭（両親がいる家庭）が得ている収入（2005年平均年収約563万円）と比べるとかなり低いことは確かである。

（２）就労状態

日本の母子家庭では、母親の84.5％が就労している（2006年厚生労働省調査）。この数値は前回2003年からわずかに1.5％の増加である。イギリスやドイツの就労率が40％台であるのと比較すると極めて高く、アメリカ、ノルウェーの60％程度、またイタリア、スウェーデンの70％程度等と比べても高い比率を示している。しかもその半数近くは臨時、パートタイム、派遣等の不安

定・低賃金労働であり、なおかつそうした仕事をいくつも掛け持ちしているという実態もある。2006年の日本労働研究機構の調査では、常用雇用者（正社員・正規職員）は42.5％にすぎず、臨時・パート雇用者（嘱託・準社員・派遣等）の割合が43.6％であった。一般に、学歴が高くなるほど正社員・正規職員の比率が高まり、年齢が上がるほど不安定雇用になるという傾向がはっきり出ている。このほか、約14％存在する「今就労していない母親」で、「今すぐにでも働きたい」と考えている人は78.7％もいる。にもかかわらず「現在働いていない理由」は、「病気で働けない」（25.9％）に次いで、「子どもの世話をしてくれる人がいない」（12.6％）、「年齢的に条件の合う仕事がない」（5.7％）、「時間についての条件のあう仕事がない」（5.7％）等となっている。

一方、父子家庭においては、その75.3％が常用雇用の正社員・正規職員として就労しているが、非正規社員として働くシングルファーザーも増えてきている。経済状況の厳しさもさることながら、家事・子育てとの両立のため残業や出張を引き受けられない等、正社員として働きにくい事情があるためである。父子家庭の就労状態も厳しくなってきている。

（3）居住状態

全体の持ち家率は63.6％で、借家の比率が46.7％である。また、死別による場合の持ち家率は66.7％であるが、離婚や非婚等の生別による母子家庭では17.3％と、比率が極端に低くなっている。また家族との同居は13.6％程度である。したがって多くの母子家庭が、公営住宅、公団、民間アパート等の借家住まいとなり、家賃負担が家計に与える影響は大きなものとなっていると思われる。

2．子育てに関わる困難

両親がそろっている家庭であれば家族としてきちんと機能しており、一方、かつて欠損家庭ともいわれたひとり親家庭は、子どもにとって必要な家族の

機能が明らかに不全である、といいきることはできない。ただ、ひとり親家庭は相当の努力をしないと家族機能が不全になりやすい傾向にあることも否定できない。なぜならば、厳しい経済的条件のために、持てる時間とエネルギーのほとんどが労働と生活維持のために使われてしまうことになると、それ以外の大切な家族機能が低下してしまうからである。意識的工夫がなされなければ、子どもの成育に必要な家庭内での母性と父性両方による関わりが保証されない。その結果、子どもの養護、教育に必要な諸機能や家族団欒をはじめとする暖かい家族の人間関係、地域社会との多面的な関わり等から得られる体験がどうしても不足がちになり、またタイミングも不適切になってしまう可能性がある。このような環境は、子どもの発達、成長や人格形成に悪影響を与える恐れもある。例えば、自己信頼や自尊心、他者への共感、他者の苦しみに対する理解等を欠いた人間になりやすく、社会と健全な関係を築けない大人になってしまうことが懸念される。

　子どもについての悩みとして、母子家庭の母親は「教育・進学」を41.1％の人が挙げている。続いて「しつけ」を挙げる人が18.4％、「就職」を挙げる人が4.7％と続いている（1998年全国母子世帯等調査）。

　収入状況を見ても、恵まれている人は極めて少ないので、必然的に長時間の勤務、仕事に追われることになる。その上で家事もしなくてはならない。教育方針や育て方によって、子どもが一定の年齢になるにつれて、家庭での役割分担をするようになれば、状況は違ってくるであろうが、そうでなければ、子どもと向き合う時間、関わる時間そのものが不足してしまう。子どもの話を聞き、悩みごとの相談に乗り、また宿題を見てやったり一緒に遊んだり等、子育ての過程で自然に行われる子どもとの関わりが困難になる。

第3節　ひとり親家庭に対する福祉政策

1．福祉政策の特徴

　これまで見てきたように、両親がそろっている家庭に比べて、経済的にも精神的にも不安定になりがちなため、地方自治体が主体となって、育児・教育、住宅、医療等に対してさまざまな支援が行われている。また少ないとはいえ、民間の支援団体も援助提供を行っている。

　国や地方自治体による支援制度は、伝統的に母子家庭の数が多いことと、経済的により厳しいことの多い母子家庭を中心に構成されてきていて、これに父子家庭に対する支援が後から、とりわけ子育て支援を中心に加わりつつあるという状態である。典型例を見るとその意味合いがよくわかる。例えば、児童扶養手当は母子家庭にのみ支給されて、父子家庭には支給されない。つまり、父子家庭には受給権がないのである。ところが、父子家庭も絶対数が増えてきたことによって対応が必要になり、児童手当に相当する手当を別に設定して、支給する地方自治体も出てきた。

　また、母子及び寡婦(かふ)福祉法では、もともと母子家庭を中心に考えているので、父子家庭は対象ではなかった。そこで、母子家庭の定義に「等」を付け加えることによって父子家庭をも含むことにしている。したがって、「母子家庭等」とは、20歳未満の子どもと母親または父親のいる家庭のことであるが、子どもが20歳になった時、母子家庭の母親は寡婦として引き続き支援を受けられるが、父子家庭の父親はそれ以降支援の対象にはならないという違いがある。

2．公的支援制度及びサービス

　ひとり親家庭を支援するための組織や団体は、国や地方自治体等の行政組織や民間援助団体等に分かれて数多く存在する。フォーマルなソーシャル・サポートといわれる援助・支援であるが、「認知されたサポート」と「利用されたサポート」の2つの状態にある。実際にどのようなサービスが利用されているのだろうか。

　2006年の調査では、母子家庭、父子家庭とも共通して多く利用しているのは、①公共職業安定所、②市町村福祉関係窓口、③福祉事務所である。また母子家庭の利用が多い上位5機関は、①公共職業安定所、②市町村福祉関係窓口、③福祉事務所、④民生・児童委員、⑤母子自立支援員等の機関、専門家であった。一方、父子家庭が利用する上位3のサービス機関や専門家は、①公共職業安定所、②市町村福祉関係窓口、③福祉事務所であり、両者とも一致している。母子家庭が今後利用してみたい公的制度は、①母子福祉年金（49.5%）、②自立支援教育訓練給付金事業（39.8%）、③母子家庭等就業・自立支援センター（37.4%）、④公共職業能力開発施設（34.6%）、⑤高等技能訓練促進費事業（32.2%）の5つのサービスである。父子家庭では、母子家庭と比べてあまり強い意向はないが、今後機会があれば利用してみたいとして挙げているのは、①福祉事務所（20.4%）、②市町村福祉関係窓口（19.6%）、③家庭児童相談室（17.2%）等が上位3である。

3．実際の公的福祉制度、サービスの利用と問題

　行政による支援の施策において、母子家庭と父子家庭とでは大きな差がある。これはすでに述べたように、母子家庭の方が古くからある家族形態で、絶対数も圧倒的に多いことと、経済状態が父子家庭よりも一般的に劣悪であることによる必然的結果としての現実である。

　ここでは先進的取り組みも含め、実際に行われている福祉政策やサービス

について例示するが、制度の実施主体である各地方自治体によって、その対象や制度の運営方針は細かく異なる。そのため、制度を利用する際には、居住地域でどのような政策が実施されているか、調べる必要があるだろう。

(1) 支給による助成

①遺族年金

厚生年金に加入していた夫と死別した時、遺族厚生年金が支給されるが、18歳以下の子どもがいると遺族基礎年金に子ども加算がついて支給される（母子家庭のみ対象）。

②母子福祉年金

夫と死別した母子家庭に対して給付されるもので、1961年に新設された制度（母子家庭のみ対象）。

③児童扶養手当

各地方自治体により実施されている。離婚等の生別による母子家庭は、母子福祉年金の対象にならないので、1962年に新しく発足した制度である。「離婚による母子家庭等、父親と生計を同じくしない児童が育成される家庭の、生活の安定と自立の促進に寄与するため」にできた施策で、月々、母子家庭の児童に支給される手当である。未婚の母による母子家庭に関しては、当初は対象ではなかったが、これは婚外子差別であり法の下の平等に反するということで、父親から認知された児童も支給が受けられるように1998年政令が改定された。また支給額の改定や国籍条項が撤廃されたりして制度の改善が行われる一方、所得制限の基準が大幅に切り下げられたりもしている。およそ母子世帯の80％が受給している児童扶養手当は、所得保障として生活の大きな支えになっているものであり、その影響は大きい（母子家庭のみ対象）。

④児童育成手当

各都道府県で実施されている公的支援で、ひとり親家庭に対して育成手当と障害者手当を支給するもの。育成手当は、児童を養育している場合に支給され、障害者手当は20歳未満で一定以上の障がいのある児童を養育している

場合に支給される。児童扶養手当の給付対象となっていない父子家庭にも、経済的支援を必要としている人がいるため、そうした家庭を対象に導入された新しい支援策。鹿沼市、牛久市、越前市等がこの名称を用いて実施しているが、まだ全国で10程度の自治体でしか実施していない（母子/父子家庭対象）。

⑤医療費助成

ひとり親家庭や、両親のいない児童を育てている家庭に、保険診療内の自己負担分を助成する（母子/父子家庭対象、所得制限あり）。

⑥私立幼稚園等園児保護者助成金

幼稚園等に在籍している満3〜5歳児を持つ保護者に対して、所得に応じて支給される。

⑦生活保護

母子家庭のうち生活保護を受けている家庭の割合は、これまで6〜7％程度で推移してきたが、2006年には9.6％と増加し、そのうち約半数は就労しながらの受給者である。また、資格があるにもかかわらず生活保護を受けず、生活保護基準以下で暮らしている母子家庭も多い。それは、生活保護受給に対する強い社会的スティグマ（汚名、不名誉）の可能性、扶養義務者の照会によって、受給の事実を前夫や親族に知られてしまうこと、預貯金規定の厳しさ等、生活保護を受けにくいさまざまな事情を抱えているからである。

⑧養育費

公的な支援ではないが、離婚の場合には家庭外の元配偶者から支払われる養育費がある。しかし実際に「取り決めをして」養育費の支払いが行われているのは、日本の場合には38.8％程度で低いといえる（2006年全国母子世帯等等調査）。日本では協議離婚が多く、養育費の支払いを当事者同士で取り決めを行うことが困難であることが多いので、他の離婚形態（77.7％）よりも取り決めが低い割合となっている。取り決めをしない理由は「相手に支払う意思や能力がないと思った」と「相手と関わりたくない」というのが2大理由である。最近母子世帯になった家庭では、取り決める割合が高くなっているので、傾向は変わってきている。

（2）資金の貸付による助成

①母子福祉資金

20歳未満の児童を養育している家庭に、事業、住宅、就職、就学、療養等、必要に応じて資金貸付をする制度（母子家庭のみ対象、無利子/有利子、所得制限なし、連帯保証人必要）。

②女性福祉資金

経済的に自立し、社会的に安定した生活を営めるように、資金を貸付する制度（母子家庭のみ対象、無利子/有利子、連帯保証人必要）。

③母子福祉応急小口資金

災害、病気、障がい、就職、結婚等で至急資金が必要な時のための貸付制度（母子家庭のみ対象、無利子）。

（3）就労支援

以下はいずれも児童扶養手当の減額と引き替えに導入された施策である。

①自立支援教育訓練給付金制度

雇用保険に加入していないパート勤務等の母子家庭の母親（シングルマザー）が活用できる。

②高等技能訓練促進費給付制度

シングルマザーが、看護師や理学療法士等高等技能の訓練を受ける場合、一定期間支援を受けることができる。

③常用雇用転換奨励金

企業がパートで雇ったシングルマザーを、常用雇用に転換した場合に、企業に対して給付金が出る。

（4）住宅関連の支援

①居住支援制度（母子/父子家庭対象）

②都営住宅の優遇抽選

新築住宅の当選率が一般世帯より優遇される（母子/父子家庭対象）。

③都営住宅使用料の特別減額

　就学前の幼児1人以上、または小学校・中学校・高等学校に就学している未成年者を2人以上扶養している世帯は都営住宅使用料が2分の1に減額される。東京都住宅供給公社（母子家庭のみ対象、所得制限あり）。

（5）生活支援

①ホームヘルパーの派遣

　家事や育児等日常生活において援助が必要な場合、例えば、ひとり親になって2年以内、小学3年生以下の子どもがいて、家事や日常生活が困難な時にホームヘルパーを利用できる（母子/父子家庭対象）。

②ひとり親家庭休養ホームの提供

　指定した遊園地等の日帰り施設を、無料または低額で利用できる（母子/父子家庭対象、所得制限あり）。

③ひとり親家庭同士の交流

　母子・父子家庭の交流のための日帰りバス旅行等の事業実施（母子/父子家庭対象）。

④母子生活支援施設の提供

　子どもの養育を十分できない場合、施設（旧母子寮）に入所して指導員から援助が得られる（母子家庭のみ対象）。

（6）その他の各種優遇制度

　国や都道府県はじめ各行政単位で、ひとり親家庭に対するさまざまな優遇制度が実施されている。ここでは東京都を例に、主なものを取り上げることにする。

①JR定期の割引

　児童扶養手当・生活保護を受けている世帯の人がJRで通勤する場合、通勤定期券が3割引になる（母子/父子家庭対象）。

②都営交通の無料パス

　児童扶養手当、生活保護を受けている家庭の１人に限り、都営交通（都電・都バス・都営地下鉄）の１年間有効無料乗車券が交付される（母子／父子家庭対象）。

③入浴券の支給

　児童扶養手当、児童育成手当を受けている家庭で、お風呂がない世帯には、３日に１回程度支給される（母子／父子家庭対象）。

④税金の軽減

　申告により、所得税、住民税の軽減措置を受けられる（母子／父子家庭対象、所得制限あり）。

⑤水道、下水道料金の減免

　児童扶養手当、生活保護を受けている家庭に対して、水道料金の基本料都下水道料金の一部が免除される（母子家庭のみ対象）。

⑥粗大ゴミ等処理手数料の減免（母子家庭のみ対象）

⑦電話設置等の優遇措置（母子／父子家庭対象）

　住民税非課税の母子家庭が、新しく電話を設置する時、工事費負担の分割が無利子で認められる（母子家庭のみ対象）。

（７）育児支援と相談

①ショートステイ

　保護者が病気、出張、出産、冠婚葬祭等で、一時的に養育できない時、児童養護施設等で子どもを７日間を限度に預かり、食事や通園等を援助する。

②家庭相談（母子／父子家庭対象）

③母子相談・婦人（女性）相談（母子家庭のみ対象）

④母子自立支援、婦人相談（母子家庭のみ対象）

⑤民生委員・児童委員相談（母子／父子家庭対象）

4．ひとり親家庭支援のために

　ひとり親家庭に対する現状の支援が不十分であることは疑う余地がない。一度にすべてを望むことはできないとして、それではどこを重点的に強化していく必要があるだろうか？　厚生労働省の見解では「父子家庭に求められているのは、経済支援より家事や育児支援」という（家庭福祉課）が、本当にそうだろうか？「家事」は慣れれば何とかなる、というのが父親も含めておおかたの気持ちだろう。しかし「経済」の状況は、当事者のみがひとり頑張れば何とかなるものではない。制度的にもっと支援を底上げすべきであろう。経済的な負担がもう少し減れば、子育てに時間とエネルギーを使えるようになる。ひとり親家庭の中にも、どんな家庭においても必要な養護・教育機能を取り戻さなくてはならない。

（1）経済的援助の充実を

　多くのひとり親家庭の苦しい生活や多くの困難は、まじめに働かないことによるものではない。さまざまな条件の悪循環から起きているといえよう。したがって、普通に努力すれば、最低限ではなく最低標準の生活が可能となり、子どもの世話ができ、子どもときちんと付き合える時間とエネルギーが持てるくらいの経済的支援が望ましい。制度的に保証できるものがなければ、個人の努力では限界があるだろう。また、生活費と教育費が最底限保証されなければ、子どもの健全な発達・成長に差し支える。経済的支援は、教育と健康に関わるものをまず優先すべきであろう。

（2）差別的扱いをやめ、公平な支援システムを

　ふたり親から成るいわゆる「標準家庭」と、死別や離別による母子家庭（いわば正統派のひとり親家庭）とそれ以外のひとり親家庭（非婚・婚外婚のシングルマザー家庭、父子家庭等）とでは、暮らしやすさ、生きやすさとそれぞれが受けられる、あるいは享受している社会的支援、公的支援策にかなりの

差異がみられ、法律的扱いも含めて差別的な現実があることは否定できない。例えば、非婚の母子家庭に関しては年金、寡婦控除、戸籍表記、相続の問題をはじめ、現在生じているさまざまな不公平や、差別的扱いは解消されなければならないし、父子家庭にも母子家庭と同じような経済的支援が望まれる。このような差別のない制度の充実が、まず取り組むべき課題の重要な部分を占めるであろう。

（3）子育て支援のネットワーク化と充実を

　ひとり親家庭が過ごす1日の生活の全体像をきちんとイメージして、諸々の援助策を考える必要がある。生活支援、子育て支援が大きな課題である。親と接する人たちは、ひとり親にとっての必要な行動パターンと時間の使い方にもう少し理解を深めるべきであろう。保育園、幼稚園、学校等子どもたちの受け入れ先では、母子家庭や父子家庭について無理解もあり、十分サポーティブにはなっていないと考えられる。

　例えば、放課後、土曜日、長期休み等、子どもがひとりになってしまう可能性の高い時、子どもが安心でき、かつ充実した時間をどうすれば過ごすことができるのか、親と協力して考え出す必要がある。また、例えば、病気になった時等には、ひとり親の対応能力は劣る。保育所や学校が受け入れと関わりをどう充実させるかが鍵になる。

　ひとり親に「父親の分まで、母親の分まで頑張れ」と叱咤激励することのみによってではなく、プライベートな関係にある者も公的な支援組織にある者も、その子どもを取りまく関係者が共通の理解を深めつつ役割分担し、協働することにより、全体として子どもに必要な機能を提供するという発想が大切である。子どもを支える地域コミュニティの支援サービスも重要であり、それらがまた学校や保育所と連携、協働することも必要である。これら相互の連携が、全体としてシステム化されることが大切である。

〔参考文献〕

Wink編『離婚家庭の子どもの気持ち——面接交渉実態調査アンケートとインタビュー』日本加除出版、2008年

柏女霊峰、山縣文治編『家族援助論』（保育・看護・福祉プリマーズ４）ミネルヴァ書房、2004年

春日キスヨ『父子家庭を生きる——男と親の間』勁草書房、1997年

厚生労働省『国民生活基礎調査の概況 平成12年』厚生省大臣官房統計情報部保健社会統計課国民生活基礎調査室、2000年

財団法人家計経済研究所編『ワンペアレント・ファミリー（離別母子世帯）に関する６カ国調査』大蔵省印刷局、1999年

新川てるえ、田中涼子『できる！シングルマザー生活便利帳——ひとり親家庭サポートBOOK——実用』山海堂、2006年

杉本喜代栄『ジェンダーで読む21世紀の福祉政策』有斐閣、2004年

田辺敦子、富田恵子、萩原康生編著『ひとり親家庭の子どもたち——その実態とソーシャル・サポート・ネットワークを求めて』川島書店、1991年

中田照子、杉本貴代栄、森田明美編著『日米のシングルファーザーたち——父子世帯が抱えるジェンダー問題』ミネルヴァ書房、2001年

日本労働研究機構『「母子世帯の母への就業支援に関する調査」結果報告書』日本労働研究機構、2002年

厚生労働省雇用均等・児童家庭局「平成18年度全国母子世帯等調査報告」2000年10月16日厚生労働省報道発表

第13章

諸外国における子どもの福祉

那須野三津子

第1節　子どもの福祉に関する国際機関の取り組み

1．代表的な国際機関

　子どもが、生存、成長・発達するには、きれいな水や空気、食物、安心できる医療サービス、これからの社会を生き抜くための基礎的な読み書きの教育等が必要である。これらを保障することは、子どもの福祉における優先課題である。しかし現実には、世界の子ども22億人中10億人（約2人に1人）が貧困の中で暮らしていると推定され、子どもの生存、成長・発達が脅かされているという問題がある［UNICEF 2004］。

　このような問題に私たちが取り組む時、哲学者ロールズ（J. Rawls 1921～2002）の「社会のどこに生まれても自分は耐えられるか」という考え方が参考になる。自分たちがどの社会に生まれ変わるかわからない場合、私たちは、少しでも生まれてきた国や地域、家庭の状況に左右されない公正な社会を望むであろう。

　公正な社会を目指す動きは、個人や国だけではなく、国際的なレベルにおいても見られる。その代表的な機関として、国際連合（国連）がある。国連は第2次世界大戦後に設立され、192の加盟国（2006年現在）からなっている。

　国連は、目的の1つに「貧しい人々の生活条件を向上させ、飢えと病気と読み書きのできない状態を克服し、お互いの権利と自由の尊重を働きかけるように、共同で努力すること」を掲げている。この目的を達成するための専門機関として、国連食糧農業機関（FAO）、世界保健機関（WHO）、国連教育科学文化機関（UNESCO：ユネスコ）や、補助機関である国連開発計画（UNDP）、国連児童基金（UNICEF：ユニセフ）、国連難民高等弁務官事務所（UNHCR）等がある。ここでは、子どもの福祉の分野で主として活動しているユニセフについて概要を説明する。

　ユニセフは、1946年12月11日に創設された。当初は、連合国復興救済機関

という名称であったが、1953年に、現在の国連児童基金へと改称した。あわせて、ユニセフの活動の範囲は、当初の子どもの健康を守ることから、徐々に教育協力の分野にまで広げられた。

さらに、時代を経て、ユニセフの活動は、1989年に国連で採択された子どもの権利条約と、1990年に開催された子どものための世界サミットを転機に見直された。子どもの権利条約において規定された子どもの基本的人権と、子どもの最善の利益の実現がユニセフの使命とされ、支援活動が展開されるようになったのである。

しかし、子どものための世界サミットの中で採択された行動計画は、政府関係者以外にはほとんど知られなかった。さらに、ユニセフの限られた予算と職員の活動だけでは、世界中の子どもの福祉、すなわち、幸せを保障することはできないという反省もなされるようになった。

このような経緯から、政府や国際機関だけではなく、市民組織のリーダーから子どもたちまでを含む幅広い協力体制の構築が求められた。この協力体制を作るために、現在、子どものための世界的な運動（Global Movement for Children）が実施されている。例えば、国連子ども特別総会等が行われ、子どもの権利条約等の署名・批准が進められている。

2. ミレニアム開発目標と課題

子どもの健康と福祉に直接関連した具体的な数値目標（ミレニアム開発目標：MDGs）が、2000年の国連ミレニアムサミットにおいて、達成期限と共に定められた。MDGsは、2015年までに達成すべき目標として、8つの項目を掲げている（詳しくは次頁**表1**を参照）。

この目標の実現が公約されたことは、画期的であったという評価がある。一方で、2015年までには、約束のほとんどが達成できないという批判もある。以降では、MDGsの各項目に対する世界の子どもの現状と課題を、ユニセフ [UNICEF 2004] や世界銀行の報告書 [The World Bank 2008] からまとめる。

表1　ミレニアム開発目標（MDGs）

目標	2015年までの具体的目標
1．極度の貧困と飢餓の撲滅	1日1ドル未満で生活する人口比率を半減させる。
	飢餓に苦しむ人口の割合を半減させる。
2．普遍的初等教育の達成	すべての子どもが男女の区別なく初等教育の全課程を修了できるようにする。
3．ジェンダーの平等の推進と女性の地位向上	初等・中等教育における男女格差の解消を2005年までには達成し、2015年までにすべての教育レベルにおける男女格差を解消する。
4．乳幼児死亡率の削減	5歳未満児の死亡率を3分の2減少させる。
5．妊産婦の健康の改善	妊産婦の死亡率を4分の3減少させる。
6．HIV/エイズ、マラリアその他の疾病の蔓延防止	HIV/エイズの蔓延を阻止し、その後減少させる。マラリア及びその他の主要な疾病の発生を阻止し、その後発生率を下げる。
7．環境の持続可能性の確保	安全な飲料水を継続的に利用できない人々の割合を半減する。
	2020年までに、最低1億人のスラム居住者の生活を大幅に改善する。
	持続可能な開発の原則を各国の政策や戦略に反映させ、環境資源の喪失を阻止し、回復を図る。
8．開発のためのグローバル・パートナーシップの推進	開放的で、ルールにもとづいた、予測可能でかつ差別のない貿易及び金融システムのさらなる構築を推進する（グッドガバナンス《良い統治》、開発及び貧困削減に対する国内及び国際的な公約を含む）。
	最貧国、ならびに内陸国及び小島嶼開発途上国の特別なニーズに取り組む。
	国内及び国際的な措置を通じて、開発途上国の債務問題に包括的に取り組み、債務を長期的に持続可能なものとする。
	開発途上国と協力し、適切で生産性のある仕事を若者に提供するための戦略を策定・実施する。
	製薬会社と協力し、開発途上国において、人々が安価で必須医薬品を入手・利用できるようにする。
	民間部門と協力し、特に情報・通信分野の新技術による利益が得られるようにする。

出典：［ユニセフ 2005］をもとに作成

（1）極度の貧困と飢餓の撲滅

1990年から2004年までの間に、極度の貧困状態にある人々の割合は、約3分の1から5分の1未満まで低下した。世界全体としては、貧困状態にある人々の割合を半減させるという目標を達成できるという見込みがなされている。ただし、アフリカでは、貧困が拡大すると推測されている。

世界の栄養不良の子どもの90％が住む36カ国のほとんどが、アフリカの国である。栄養不良は、開発途上国における5歳未満児の死亡の半数以上に関わっているという報告がある。それにもかかわらず、「飢餓に苦しむ人口の割合を半減させる」という目標の達成に向け順調に進んでいる国は、4分の1足らずであった。

（2）初等教育の完全普及

途上国における初等教育就学率は、1991年の80％から2005年には88％まで上昇した。いくつかの地域は、予定通りこの目標を達成できる見込みがなされている。それでもなお、初等教育就学年齢で教育を受けていない子どもの数は、2005年現在7200万人で、そのうち57％を女児が占めた。2015年の時点で7500万人の子ども（そのうち70％はサハラ以南のアフリカの子ども）が、初等教育を受けられないと推測されている。

（3）ジェンダーの平等と女性のエンパワーメント

初等教育におけるジェンダー格差の解消では相当の進展があったものの、初等段階では開発途上国の約3分の1で、中等段階では40％以上の国々で、具体的目標を達成できない可能性が残された。この目標が達成できない理由の1つには、中等教育への就学がなかなか進展しないことがある。ユネスコの推定によれば、2005年までに初等・中等教育におけるジェンダーの平等を達成できそうにない国は76カ国ある。このままの状況が続けば、54カ国は2015年までにジェンダーの平等を達成できないだろうとされている。

（4）幼児死亡率の削減

　毎日2万9000人の5歳未満児が、下痢性の脱水症、急性呼吸器感染症、麻疹(はしか)、マラリアといったおおむね予防可能な病気で死亡している。毎年1060万人が死亡している計算である。世界的には生存率は、やや向上しているという見解がなされている。しかし、サハラ以南のアフリカとCEE／CIS（中東欧／独立国家共同体、旧ソ連邦共和国）では、22世紀に入ってからもしばらくの間、5歳未満児死亡率に関するミレニアム開発目標は達成されないままであると推測されている。

（5）妊産婦の健康の改善

　毎年50万人以上の女性が妊娠・出産時の合併症で死亡し、1500万人の女性が妊娠・出産時に創傷・感染症・障がいの被害を受けている。被害を受けている女性のほとんどは、サハラ以南のアフリカ及びアジアに住んでいる。

　妊産婦がケアを受けられなければ、乳児が生存する可能性は低くなる。同時に、子どもが母親の愛情とケアを受けることも困難になる。妊産婦の死亡にはさまざまな原因があり、多様な医療の介入が求められている。

（6）HIV／エイズ、マラリアその他疾病の蔓延防止

　15歳未満でHIVに感染している子どもは200万人以上にのぼる。このままの状況が続けば、サハラ以南のアフリカでエイズにより親を失う子どもの人数は、2010年までに1800万人を超える心配がある。近年、感染率が上昇していること、また長い潜伏期間のため、子どもにとって、この危機は数10年間にわたって続くと考えられている。

　マラリアは、子どもの主要な死因の1つとなっている。予防も治療も可能な病気ではあるが、蚊帳(かや)や医薬品の入手が限られることにより、命を失う子どもが今後も続くであろうと示唆(しさ)されている。その他、多くの国では、栄養状態が悪いために子どもが結核にかかりやすい状況が続くであろうと推測されている。

（7）環境の持続可能性の確保

　飲料水に関する具体的目標は、達成されつつある。改良された飲料水源へのアクセス率の世界平均は、77％（1990年）から83％（2002年）へと上昇した。しかし、サハラ以南のアフリカではそこまで進展していない。衛生設備はさらに大きな課題となっている。

　安全な水及び衛生設備へのアクセスは、子どもの生存を左右するほど重要である。このままの状況が続けば、5億人以上の子ども（開発途上国の子どもの3人に1人）は、具体的目標の達成から取り残される危惧がある。

（8）開発のためのグローバル・パートナーシップの推進

　前述までのMDGsに対する現状と課題を概観すると、ほぼすべての項目において、予定通りに進んでいないことがわかる。MDGsの実現に向けた歩みを加速させるために、援助を行う国や国際機関等のドナーと各国政府が、協調のとれた取り組みを進めること、すなわち開発のためのグローバル・パートナーシップの推進が課題となっている。

第2節 「存在しない子どもたち」の問題

1．ミレニアム開発目標と「存在しない子どもたち」

　MDGsの達成度は、国の平均値に基づいた結果から判断される。そのため、一国の子どもたちの間に存在する格差が覆い隠されてしまう危険性がある。

　例示すれば、出生登録のなされないままの子どもや、子どもの保護を奪う虐待（児童労働等）、家庭環境の外で暮らしている子ども（いわゆる、ストリート・チルドレン）等を国が放置したままの場合、子どもが特別な権利を有する存在として理解・特定されにくくなってしまう。そうなれば、子どもは権

利を否定され、コミュニティでも物理的に姿が見えない存在となり、学校に通うこともできず、統計・政策等で取り上げられないために公的にも存在しなくなってしまうのである。ユニセフ［2006］は、これらの子どもたちを、「存在しない子どもたち」と呼び、特別な関心を持って注意を払う必要があると述べている。

　以降では、ユニセフの報告［UNICEF 2004：2005：2007］を中心に、子どもの存在に関わる主な問題、すなわち、出生登録、児童虐待、ストリート・チルドレンの問題を取り上げる。

2．出生登録

　毎年約5100万人の子どもたちが、出生登録をされていない。出生登録がなされないことにより、子どもたちの福祉に与える深刻かつ長期的な影響は、主に3点考えられる。

　第1に、その後の人生で、学校への入学から病院での治療に至るまでの各種サービスを受けられないことがある。第2に、正確な年齢が確定できなければ、法定年齢に満たない場合の婚姻や軍隊の徴用の訴追(そつい)がほぼ不可能になることがある。第3に、法律に違反した場合に、成人として訴追・処罰されることのないように設けられている保護の対象から外されることがある。

　ユニセフが行った推計によれば、開発途上の国/地域では、毎年、平均して出生の約半数（49％）が登録されていない（図1参照）。出生登録をされていない子どもの割合が最も高いのは、サハラ以南アフリカ（66％）だが、人数では南アジアが一番多い。アフガニスタン、バングラデシュ、タンザニア、ザンビアのように、出生登録率が著しく低い国もある。ユニセフの推計によれば、バングラデシュとザンビアでは生まれてくる子どもの10％しか登録されておらず、タンザニアでは登録率はわずか8％にすぎない。

　出生登録がなされない理由の1つに、その重要性が理解されていないことがある。親が重要性を理解したとしても、登録料が高く、また登録所が遠く

図１　開発途上国／地域で出生登録されている５歳未満児の割合

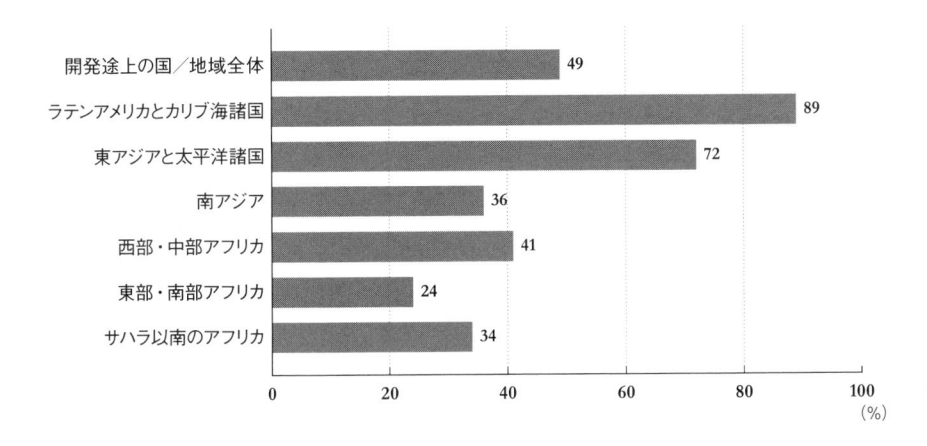

地域	割合(%)
開発途上の国／地域全体	49
ラテンアメリカとカリブ海諸国	89
東アジアと太平洋諸国	72
南アジア	36
西部・中部アフリカ	41
東部・南部アフリカ	24
サハラ以南のアフリカ	34

出所：［ユニセフ 2008］をもとに作成

にあることが妨げになっていることが多い。出生登録を行いやすくするためには、政府、親、コミュニティの力が求められている。例えば、予防接種とあわせて出生登録のキャンペーンを行うこと等の実践が試みられている。

３．児童労働

　国際労働機関（ILO）の推計によれば、約２億5000万の子ども（５〜17歳）が、児童労働に従事している。児童労働の背景には、貧困のみならず、適切な教育の欠如や、社会的・文化的伝統等がある。貧困家庭の子どもが、ポルノグラフィーや性的目的の人身売買等の商業的性的搾取の被害に遭いやすく、また、借金の抵当として働かされる強制・債務労働をさせられやすいという指摘もある。その他、誘拐され児童労働を課せられたり、武力紛争やその他の不法な活動への参加を強制されたりする実態がある。このような強制労働を強要されている子どもは、推定840万人もいる。

　児童労働の中でも、人身売買といった移動が伴うものは、子どもが最終目

的地で非合法な地下社会の一部となり、実質的に姿を消してしまうという指摘がある。そのような状態に陥ると、搾取の被害を圧倒的に受けやすくなる。これらの子どもたちは、その存在が公的に認知されないことから、そのデータを収集することは困難である。しかし、毎年約120万人の子どもが人身売買の被害に遭っていると推定されている。

　他方、家事手伝いという名目の搾取的労働等の児童労働をさせられている子どももいる。家庭内労働に従事している子どもの数は、公的機関による監視の対象とされることなく、個人の家の中で働かされているため、数量化ができない。しかし、数百万人に達すると考えられている。

　これらの児童労働は虐待であり、早急に対応せねばならない問題である。この原因は、児童を利用しようとする側、お金のある人々や大人にある。したがって、児童を利用しようとする個々人の意識を改革する必要がある。近年では、児童労働を禁止する法整備の呼びかけのみならず、現地の人々の意識を変えていくような活動に対し、国際機関やNGO（非政府組織）が資金援助等を実施している。その他、児童労働撲滅のための国際的な取り組みとして、児童の強制労働によって製造された商品を購入しないという規制が設けられてきている。

4．ストリート・チルドレン

　ストリート・チルドレンとは、1日のほとんどを都市部の路上や公共の広場で過ごし、単独であるいは家族と生活している子どもたちのことである。途上国のみならず先進工業国の豊かな都市においても、ストリート・チルドレンはいる。ストリート（路上）で1日の大半を過ごしているため、政府や通行人がその実態を知らないはずがない。物理的には最も目につきやすいにもかかわらず、その存在は見えにくく、教育や保健ケアといった重要なサービスの対象に含めたり保護することが困難であると指摘されている。

　ストリート・チルドレンは、数千万はいると推定されているが、正確な人

数は把握しきれていない。これらの子どもの多くは、家族との接触があり、世帯所得の足しにするために路上に働きに出ている。他方、家出をしている子どもの場合は、心理的・身体的・性的虐待を受けたためであることが多いと報告されている。

路上で生活するようになった子どもたちは、あらゆる形態の搾取・虐待を受けやすくなる。警察その他の公的機関とトラブルになることや、一斉検挙されたり、市外に追いやられて放置されたりする例もある。

子どもにとって保護的な環境が作り出されれば、子どもが社会の中で見えない存在となることはない。政府には、保護的な環境を作り出す責任がある。あわせて、社会を構成するすべての個々人が、暴力・虐待・搾取から子どもを守ることに貢献できる。そのためには、個々人が搾取・虐待を認知して、それに対応するための知識・スキル・心構えを身につけ、適切な支援が行えるようになることが期待されている。

第3節　主要先進国における子どもの福祉

1．少子化対策に対する政府の取り組み

子どもの福祉を推進するにあたって、結婚や出産は個人的な問題であるという立場から、政府が出生の促進自体を目的とした施策を講じることは稀である。しかし、少子化に直面した多くの先進国では、子どもを育てる家庭や個人の負担を軽減する等の方法で、間接的に出生を促す施策が講じられている。これは、労働力の確保や社会保障制度の維持等の観点から、一定の若年人口を確保したいという政府の考えを示すものでもある。

ただし、少子化対策があれば、出生率が上昇するとは必ずしもいえない。日本においては、出産・児童手当、出産・育児休暇制度、保育サービス等の

施策が国によって講じられてきた。しかし、一定の若年人口の確保は、いまだ課題となっている。

他方、1970年代から1980年代前半にかけて若年者人口の減少を経験したアメリカでは、国による少子化対策はほとんど講じられなかった。例示すれば、育児休暇に相当するものはあるが、当該休暇中の所得保障はなく、子どもを養育する全家庭を対象とした児童手当制度もなかった。それにもかかわらず、出生率は、1980年代後半に上昇に転じ、1990年以降横ばいになった。出生率上昇の要因については、移民の出生率の高さや、老後の保障制度に対する不安からの子どもを望む傾向等諸説がある。ただし、少子化対策が全くなかったのではなく、企業やNPO（非営利組織）等の少子化対策が出生率の上昇を支えていたと考えられている。

欧米では、公的な保育施設のほか、民間（宗教団体を含む）の保育施設、託児所、プレイグループ、保育ママ、ベビーシッター、ナニー、オーペア（外国人の若者が、語学習得等を目的として、海外の一般家庭で子どもの世話や家事をしたりする代わりに、部屋と食事を提供してもらうもの）等の保育支援の資源がある。

このように、少子化対策に対する取り組みはさまざまである。日本の場合は、アメリカのように国による少子化対策をほとんど講じないという姿勢ではなく、何らかの形で、国が少子化対策に関与する方向にある。そこで、次項では、日本の少子化対策の指針として参考にされた欧州の調査結果を取り上げる。

2．欧州の少子化対策の動向

（1）各国の少子化対策の特徴

厚生労働省は、日本より早く少子化に直面し対策を講じてきた欧州5カ国（フランス、ドイツ、イタリア、オランダ、ノルウェー）の取り組みを参考にしている［厚生労働省編2004］。ここでは、各国の特徴を、主に3つの観点（①子育てに関する経済的支援、②仕事と家族生活の両立支援、③多様な働き方を実現

する取り組み）から捉えている。これらの特徴は、次のようにまとめられる。

　フランスでは、子育てに関する経済的支援制度や休暇制度は整備されている。さらに、認定保育ママを雇用する家庭への援助制度が設けられ、この認定保育ママが保育サービスの主流となっている。近年は保育所の受入能力の拡充がなされつつあり、仕事を続けながら子育てできる環境が整ってきている。

　ドイツでは、経済的支援は比較的手厚く、休暇制度も整備されている。しかし、保育所の整備が遅れており、仕事と家族生活の両立支援は困難な状況にある。ただし、労働時間の柔軟な運用等の働き方の柔軟化が進んでいる。

　イタリアでは、経済的支援は限定的なものとなっている。仕事と家族生活の両立は、個人的な問題であると捉えられてきたため、この分野の政策は不十分なものとなっている。ドイツ同様に保育所の整備が急務となっている。

　オランダでは、経済的支援の施策が講じられている。しかし、育児休暇については取得可能な期間は比較的短く、民間の場合は育児休暇中の所得保障はない。仕事と家族生活の両立支援については、ドイツ、イタリアほどではないが、保育所を利用する乳幼児は約2割であり、保育政策の遅れが見られる。ただし、ワークシェアリングの推進もあり、女性のパートタイム労働が受け入れられ、育児をしながら働くことが容易になっている。

　ノルウェーでは、経済的支援、仕事と家族生活の両立支援共に施策が充実している。手当を伴う各種休暇制度が整備され、仕事を持つ母親の育児が容易になっているばかりでなく、父親の育児参加も進んでいる。また、集団託児施設の整備も進んでいる。

　これら5カ国では、出産時の手当（休暇中は賃金の80%～100%を保障）や、育児に関する手当等の経済的支援施策が講じられている。仕事と家族生活の両立支援については、多様な働き方を実現する取り組みと組み合わされて施策が成り立っている。特に、出産・育児休暇制度、保育サービスの違いは、仕事と子育ての両立が可能となる環境整備の進み具合を判断する際の参考になる。そこで、次項では、この2点について焦点をあてて述べる。

(2) 出産・育児休暇制度

　まず、出産休暇を見ると、調査対象5カ国とも、出産休暇を制度化している。特例を除く出産休暇の期間は、2カ月から5カ月の範囲内であった。具体的には、フランス8～16週間、ドイツ計14週間、イタリア計5カ月、オランダ計16週間、ノルウェー計18週間である。

　次に、出産時の父親休暇は、各国によって違いが見られる。その期間は、特例を除けば2日間から2週間の範囲内であった。ドイツ以外では、父親が出産時に休暇を取得する制度が法制化されている。ドイツは、この制度はないものの、両親休暇を取得することができる。

　さらに、育児休暇制度を見ると、どの国でも休暇中の給料は支払われない

表2　育児休暇制度

フランス	○養育休暇 3歳未満の子どもを持つ親が取得できる。1～3年間休職するか、パートタイム労働に移行できる。休暇中は第1子が生まれた場合には最長6カ月、子どもが2人以上いる場合には対象となる子どもが3歳になる前の月まで賃金補助が支給される。
ドイツ	○両親休暇 3歳未満の子どもを持つ親が取得できる。両親合わせて最長3年間、休暇を取得するか、パートタイム労働に移行することができる。休暇中、子どもが満2歳になるまでは育児手当が支給される。
イタリア	○両親休暇 子どもが満8歳になるまでの間、両親合わせて10カ月取得できる。休暇中は賃金の30％が全国社会保障機関から支給される。
オランダ	○育児休暇 子どもが満8歳になるまでの間、合計6カ月間に週労働時間の半分を休暇として取得できる。フルタイムで取得する場合は最大13週間取得できる。民間の労働者は労働協約に特別の定めがない限り無給である。公的部門の労働者は賃金の75％まで支給される。
ノルウェー	○育児休暇 3歳未満の子どもを持つ親が取得できる（最初の1年は両親が分割して取得し、残り2年は父親と母親が1年ずつ取得する）。休暇中は出産休暇（産前3週間と産後6週間）及びパパ・クオータの4週間を含む42週間まで国民保険より休暇前賃金相当額が支給される（52週間の80％支給も可能）。 ○パパ・クオータ制 母親の出産休暇後から子どもが満1歳になるまでの間の最長4週間。休暇中は国民保険より、出産前の母親の就業割合に応じた賃金相当額が支給される。利用しない場合、出産・育児休暇手当の支給期間（合計52週間または42週間）がその分短縮される。

出典：［厚生労働省2004］をもとに作成

が、オランダ以外の国では政府から手当が支給されている。育児休暇制度の手当の額や期間は、出産休暇制度と比較すると各国の取り組みに違いが見られる。**表2**は、調査対象５カ国の育児休暇制度をまとめたものである。

これによれば、フランス、ドイツ、ノルウェーでは、子どもが３歳になるまで育児休暇の取得が可能である上、長期間休暇を取得することができる。一方、イタリアとオランダは、子どもが８歳になるまでの間に育児休暇を取得することができるが、その合計期間は、それぞれ合計10カ月、６カ月と短い。また、ノルウェーでは、父親だけが取得できるパパ・クオータ制が設けられており、取得率は９割に達している。父親の積極的な育児参加を政策的に推進するのみならず、実際に制度が活用されている点は、仕事と家族生活の両立支援の対象は母親だけではないことを示すものとして特徴的である。

（３）保育サービス

保育サービスは、どの国においても行われているが、その取り組みには違いがある。**表3**（次頁）は、調査対象５カ国の乳幼児向け集団託児施設についてまとめたものである。

フランスでは、集団託児施設（３歳未満の乳幼児対象）の利用率は、9.5％（1997年調査）であった。利用率の低さの背景として、認定保育ママが託児サービスの主流となっていることを指摘できる。

ドイツ、イタリアでは、集団託児施設の整備が遅れている。ドイツでは、３歳までの乳幼児の利用率は2.3％（一部の州における2001年調査）であった。後者のイタリアでは、３歳未満の乳幼児数に対する集団託児施設の定員数は約６％（2003年調査）であった。

オランダでは、集団託児施設（４歳までの乳幼児対象）の利用率は22.5％（2001年調査）であった。集団託児施設の整備に遅れは見られるものの、働く女性の割合は高い。全世帯における共働き世帯の割合は、今回調査対象となった５カ国の中で２番目に高く、約５割（2002年調査）である。この背景には、ワークシェアリングの推進がなされ、育児をしながら働きやすい環境があるといえる。

表3　乳幼児向け集団託児施設

フランス	託児所は3歳未満の乳幼児を対象とする。 1997年に行われた調査では、3歳未満の乳幼児の9.5%が託児所に預けられている。 1998年の集団託児所の受入能力は13万8400人であるが、政府は2001年から2004年までにさらに25万人増加させる予定である。
ドイツ	保育所は0～3歳までの乳幼児を対象とする。 保育所の整備は旧西独地域を中心に遅れている。ノストライン・ヴェストファーレン州における保育所の利用者の割合は2001年で2.3%である。 政府は2005年から保育施設整備費として各自治体に15億ユーロの補助金を給付する予定。保育所及び学童保育所のカバー率を20%に引き上げることを目標としている。
イタリア	保育所は3歳未満の乳幼児を対象とする。 2003年の保育所数は3008カ所である。保育所の定員数は3歳未満の乳幼児数の約6%であり、整備が遅れている。
オランダ	保育所は0～4歳の乳幼児を対象とする。 2001年では対象となる乳幼児の22.5%が利用している。
ノルウェー	保育施設は0～5歳の乳幼児を対象とする。 2002年では対象となる1～5歳児の66%が利用している。

出典：[厚生労働省 2004]をもとに作成

　ノルウェーでは、集団託児施設の整備が比較的進んでおり、対象乳幼児の66%が保育施設を利用している。乳幼児の施設利用が一般的になっている。ノルウェーは、今回調査対象となった5カ国の中で、働く女性の割合が高く、8割弱（2002年調査）となっている。

　調査対象となった欧州5カ国の結果から、経済的支援に関する施策は、出生時手当、育児に関する手当といったように、ある程度共通した所得保障がなされていた。他方、仕事と家族生活の両立支援並びに多様な働き方を実現する取り組みに関する施策は、一様ではなかった。日本では、「結婚退職」という言葉があるように、職場によっては出産・育児休暇を取りづらい、仕事を続けていくことが困難な環境がある。このような状況を踏まえれば、日本の少子化対策の方向性として、男女にかかわらず、出産・育児休暇の取得を容易にすることや、子育てをしながら働きやすい保育サービス実施の重要性が浮き彫りにされたといえよう。

〔参考文献〕

厚生労働省編『世界の厚生労働――海外情勢白書（2004）』TKC出版、2004年

塙和明、徳田克己、髙玉和子編著『わかりやすい児童福祉学』文化書房博文社、2002年

ユニセフ（国連児童基金）『世界子供白書 2008』日本ユニセフ協会、2008年

ユニセフ（国連児童基金）『世界子供白書 2006』日本ユニセフ協会、2006年

The World Bank, *The World Bank Annual Report 2008*, The World Bank, 2008.

UNICEF, *The State of the World's Children 2008 : Child Survival*, UNICEF, 2007.

UNICEF, *The State of the World's Children 2006 : Excluded and Invisible*, UNICEF, 2005.

UNICEF, *The State of the World's Children 2005 : Childhood Under Threat*, UNICEF, 2004.

国際連合広報センター「国際連合広報センター」2008年

(http://unic.or.jp/index.php)

日本ユニセフ協会「日本ユニセフ協会（ユニセフ日本委員会）」2008年

(http://www.unicef.or.jp/index.htm)

あとがき

　本講座は、静岡大学および目白大学で教授として活躍された林邦雄先生が2009年8月21日に喜寿を迎えられることを記念して企画されたものである。
　これまで一藝社から、子どもの置かれた状況を「生活」「文化」「福祉」「教育」「環境」の視点からとらえた『チルドレンワールド——子どもの世界』（谷田貝公昭、林邦雄、村越晃、前林清和編著、1997年）、『チルドレンワールド・Ⅱ——子どもの世界』（同、1999年）および『図解子ども事典』（林邦雄監修、谷田貝公昭責任編集、2004年）の3冊が出版されており、いずれも好評を得ているとのことであるので、本講座の巻立てもそれに倣い『子どもと生活』『子どもと文化』『子どもと福祉』『子どもと教育』『子どもと環境』の5巻構成とした。
　また、近年大学・短期大学・専門学校等において、子ども学科、子ども学部をはじめとして「子ども学」という用語が多く使われ市民権を得つつあるようなので、講座名として「子ども学講座」を使うことにした。
　各巻の編者は、これまで林先生に直接・間接に教えをいただいたり、関わりをもたれた方たちである。編者には、各章にキーワードともいえる事項をいくつか挙げてもらい、各執筆者に最低その事項については記述するようお願いした。また、各執筆者は、それぞれの専門領域において第一線で活躍している人たちであることを申し添えたい。
　現代の子どもたちの置かれた状況をみると、学業不振、学力低下、学習不参加、不登校、いじめ、自殺、非行、犯罪等々厳しい問題が山積している。

本講座がそうしたことの解決に少しでも役立てば、執筆者一同望外の喜びとするところである。

　読者諸賢にご助言、ご叱正をお願いし、今後とも研究を重ねていきたいと考えている。

　出版事情のよくない現代において、本講座の出版を快く推し進めてくださった株式会社一藝社の菊池公男社長と編集部の永井佳乃さんに心より御礼申し上げたい。

　最後に、お元気で喜寿を迎えられた林邦雄先生に、なお一層のご健康とご活躍を祈念しつつ擱筆する。

　　2009年8月

　　　　　　　　　　　　　　　　　　　監修者　谷田貝　公昭

編著者紹介

髙玉 和子（たかたま・かずこ）［第1章］
　駒沢女子短期大学保育科教授
　〔主な著書〕
　『小学生ママのための学校行事とマナー』（共著、一藝社、2009年）、『ヒューマンサービスに関わる人のための子ども支援学』（文化書房博文社、2009年）、『保育士試験合格テキスト――社会福祉・児童福祉』（学事出版、2009年）、他多数

高橋 弥生（たかはし・やよい）［第7章］
　目白大学人間学部子ども学科准教授
　〔主な著書〕
　『データでみる幼児の基本的生活習慣――基本的生活習慣の発達基準に関する研究』（共著、一藝社、2007年）、『保育用語辞典』（共著、一藝社、2006年）、『イラスト版子どもの伝統行事――子どもとマスターする40の行事その由来とやりかた』（共著、合同出版、2006年）、他多数

執筆者紹介

阿久津 摂（あくつ・せつ）［第3章］
　日本児童教育専門学校専任講師

井口 祥子（いぐち・しょうこ）［第6章］
　臨床心理士

井下原 百合子（いげはら・ゆりこ）［第8章第3節］
　聖心女子専門学校保育科専任教員

岡本 美智子（おかもと・みちこ）［第8章第1節］
　元聖心女子専門学校保育科専任教員

小櫃 智子（おびつ・ともこ）［第5章］
　目白大学人間学部子ども学科専任講師

岸 優子（きし・ゆうこ）［第2章］
　奈良女子大学非常勤講師

佐久間 美智雄（さくま・みちお）［第10章］
　聖心女子専門学校非常勤講師

千葉 茂明（ちば・しげあき）［第4章］
　目白大学人間学部人間福祉学科、同大学院生涯福祉研究科教授

那須野 三津子（なすの・みつこ）［第13章］
　東京成徳大学講師

林 邦雄（はやし・くにお）［第11章］
　（監修者紹介欄参照）

原 裕視（はら・ひろみ）［第12章］
　目白大学大学院心理学研究科教授

藤田 久美（ふじた・くみ）［第9章］
　山口県立大学社会福祉学部准教授

矢田 美樹子（やだ・みきこ）［第8章第2節］
　聖心女子専門学校保育科専任教員

（五十音順、［　］は担当章）

監修者紹介

林 邦雄（はやし・くにお）

元静岡大学教授、元目白大学教授

〔主な著書〕

『図解子ども事典』（監修、一藝社、2004年）、『保育用語辞典』（責任編集、一藝社、2006年）、『障がい児の育つこころ・育てるこころ』（一藝社、2006年）、他多数

谷田貝 公昭（やたがい・まさあき）

目白大学人間学部子ども学科、同大学院生涯福祉研究科教授

〔主な著書〕

『年中行事のお話55──行事の前に読み聞かせ』（監修、チャイルド本社、2009年）、『生活の自立 Hand Book ──排せつ・食事・睡眠・着脱・清潔』（学研、2009年）、『保育用語辞典』（監修、一藝社、2006年）、他多数

子ども学講座④

子どもと福祉

2009年10月16日　初版第一刷発行

監修者　林邦雄、谷田貝公昭
編著者　髙玉和子、高橋弥生
発行者　菊池公男
発行所　一藝社

〒160-0022　東京都新宿区新宿1-6-11
Tel. 03-5312-8890
Fax. 03-5312-8895
http://www.ichigeisha.co.jp
info@ichigeisha.co.jp
振替　東京00180-5-350802

印刷・製本　株式会社シナノ

ISBN978-4-86359-010-6 C3037
落丁・乱丁本はお取り替えいたします。

一藝社の本

子ども学講座【全5巻】

林邦雄・谷田貝公昭◆監修

1 子どもと生活
西方毅・本間玖美子◆編著
A5判／並製／定価（本体1,800円＋税）　ISBN978-4-86359-007-6

2 子どもと文化
村越晃・今井田道子・小菅知三◆編著
A5判／並製／定価（本体1,800円＋税）　ISBN978-4-86359-008-3

3 子どもと環境
前林清和・嶋崎博嗣◆編著
A5判／並製／定価（本体1,800円＋税）　ISBN978-4-86359-009-0

4 子どもと福祉
髙玉和子・高橋弥生◆編著
A5判／並製／定価（本体1,800円＋税）　ISBN978-4-86359-010-6

5 子どもと教育
中野由美子・大沢裕◆編著
A5判／並製／定価（本体1,800円＋税）　ISBN978-4-86359-011-3

ご注文は、最寄りの書店または小社営業部まで。
小社ホームページからもご注文いただけます。